U0556332

# 增长路径

郭敬宋・著

中国商业出版社

**图书在版编目（CIP）数据**

增长路径 / 郭敬宋著. -- 北京 : 中国商业出版社, 2023. 2

ISBN 978-7-5208-2322-7

Ⅰ. ①增… Ⅱ. ①郭… Ⅲ. ①企业管理 Ⅳ. ①F272

中国版本图书馆CIP数据核字(2022)第221065号

责任编辑：包晓嫱

（策划编辑：佟 彤）

中国商业出版社出版发行

（www.zgsycb.com 100053 北京广安门内报国寺 1 号）

总编室：010-63180647 编辑室：010-83118925

发行部：010-83120835/8286

新华书店经销

香河县宏润印刷有限公司印刷

*

710 毫米 ×1000 毫米 16 开 13.5 印张 140 千字

2023 年 2 月第 1 版 2023 年 2 月第 1 次印刷

定价：68.00 元

* * * *

（如有印装质量问题可更换）

# 自序

在正式落笔之前，笔者请朋友们先来思考一个问题：企业经营与管理的核心是什么呢？有的朋友可能会说是人，有的朋友可能会说是产品，有的朋友可能会说是企业文化，有的朋友可能会说是品牌，等等，不一而足。当然了，大家所说的这些都对，但不管是人、产品，还是企业文化和品牌，如果不能促使企业增长，那么一切都等于零。因为当一家企业不再增长时，很多问题就会暴露出来；而一家能够持续增长的企业，很多问题自然就会化于无形。那么，企业增长都有哪些维度呢？在笔者看来，至少有这么几个维度：用户量的增长、业绩的增长、利润的增长、团队的增长、市值的增长等。当然，所有的增长背后，都离不开一种行为，那就是销售行为，也就是成交。

而一提到销售，大家首先想到的，可能就是企业的营销部，或者是经常出差的销售代表，以及随处可见的推销员。但实际上，所谓销售，并不仅仅指这些。我们不妨思考一下：对于我们的生存或者生活而言，最重要的能力是什么呢？对于这个问题，或许从事不同行业的人，会有不同的答案。比如，从事科研的专家，会说研发能力最重要；从事创作的艺术家，会说审美能力最重要；从事教育事业的老师，会说教学能力最重要……但实际上，不管你从事哪个行业，要想获得成功，都必须具备一项更为重要的能力——销售能力，也就是成交，搞定人的能力。因为如果你没有销售能力，那么你所有的才华，就有可能会被埋没。所以，所谓怀才不遇，实际上只有一个原因，那就是没有销售能力。换句话说，如果你有销售能力，那就根本不存在怀才不遇这种事。

那么，所谓销售能力，应该如何展现出来呢？其实，只要抓住最关键的两个步骤就可以了：第一步是让对方知道你的价值；第二步是教会对方运用你的价值，进而实现利益最大化。比如，比尔·盖茨每次演讲时，都只讲45分钟，其中前15分钟介绍自己公司的规划，剩下的30分钟，则告诉听众如何使用微软的产品；而蒙牛集团的创始人牛根生，每次演讲也是只讲45分钟，前15分钟主要介绍蒙牛的规划，剩下的30分钟则教导如何正确地喝牛奶，所以每次有人听了牛总的分享，一下课第一件事就是冲进超市赶紧买一包蒙牛的牛奶，要不然就会觉得自己马上就会骨质疏松。总之，不管是美国的比尔·盖茨，还是中国的牛根生，他们之所以在创业之后的短时间内就获得了巨大的成功，其主要原因，就是他们都具备超强的销售能力。

所以，我们很多人之所以生活不太理想，事业不太成功，其主要原因，就是你还没有把你自己推销出去，进而把你的产品销售出去。

在日常的社交中，我们经常会听到很多人说自己认识了多少大人物，但实际上，你认识了多少人并不重要，重要的是有多少人认识你，毕竟这是一个打造超级个体的时代。有多少人认识你并记住你，才是你把“人脉”转成“钱脉”的根本。所以，要想获得成功，我们首先要做的，就是先把自己销售出去。其实，全世界所有的成功人士，同时也都是销售高手。所以，在所有的书籍中，有一类书你必须看，那就是销售类的书；在所有的能力中，有一项能力你必须提升，那就是销售能力；在所有的课程中，有一堂课你必须学，那就是笔者的这本《增长路径》。

笔者从初中起，就开始利用暑假时间，跟自己的一位好兄弟（现在是我的姐夫）摆摊卖货，因此打下了扎实的销售功夫。毕业之后，笔者再接再厉，继续在销售领域里乘风破浪、披荆斩棘，即使后来走向管理岗位，担任的也是销售主管。回顾自己20多年来的销售生涯，不管是失败的教训，还是成功的经验，都已成为笔者人生中的财富，而笔者从中总结出来的销售战术与成交心法，更是在极具个性的同时，也兼具共性，可以让一些销售小白拿来就用，让自己的销售业绩在短时间内得到大幅提升。

从2009年开始，笔者每年都会有上百场次的销售课程分享。在这个过程中，笔者发现很多销售小白虽然懂得很多大道理，也学了很多销售理论，但是在实际的销售过程中，却几乎用不上。之所以这样，是因为他们没有把理论与实操结合起来，所以就很难将自己所学的理论，转化成实实在在的业绩。而这些人在参加过笔者的短期培训课程及学习了笔者的销售心法和功法后，销售业绩都有不同程度的提升，有的甚至立竿见影，在培训现场当着笔者的面给客户打电话，能直接成交，而业绩提升数倍的也不在少数。

所以笔者坚信，笔者的这套销售理念，也一定会帮助到有缘读到本书的你。在这里，笔者甚至可以承诺，如果你能够认认真真地把这本书读完，并且在今后的销售生涯中坚持运用本书中所提到的方法，那么你的销售业绩一定会迅速提升，甚至能够打造出属于自己的销售军团，从而实现业绩倍增。

现在，就让我们一起走进本书，在销售的海洋里，纵情遨游！

# 目录

## 上篇

## “一对一”的销售之道

## 下篇 “一对多”的销售战略

# 上篇

# 『一对一』的销售之道

关于销售，每个人都有不同的理解和认知。而从模式上来看，大致可以分为“一对一销售”和“一对多销售”。在本书的第一部分，笔者先跟大家分享一下“一对一”的销售之道；第二部分，我再给大家详细介绍“一对多”的销售战略。

# 一、销售定义——做事+做人+做局

销售是什么呢？有人说销售就是推销自己，只要把自己推销出去，你的销售工作就成功一半了；也有人说销售就是把自己的产品送到客户的手里，然后再把客户的钱拿来，放到自己的口袋里；还有人说销售绝不是降低身份去取悦客户，而是像朋友一样给予合理的建议——你刚好需要，我正好专业！

上面的这些说法，当然都没问题，从这些角度去理解销售是什么，也是可以的。其实，要想理解销售并不难，真正难的，是如何把销售这件事做好，甚至达到艺术的效果。下面，我们就从一个案例说起。

有一家单位新招了一位刚从某名校毕业的姑娘，由于这位姑娘生长在书香门第，所以各方面的条件自然没的说，不但知书达理，而且身材姣好，貌美如花。更为关键的是，姑娘还是单身。这一下，单位里的三位高富帅小伙子终于坐不住了，同时向姑娘展开了猛烈的爱情攻势。然而，姑娘面对三位高富帅小伙子的猛烈攻势时，既没有慌乱，也没有掉入爱情的蜜罐，而是把三位追求者都当成普通同事和朋友，除了正常的交往，并没有对谁表现出格外的热情。这样经过了一年之后，终于有两个小伙子按捺不住，开始向姑娘表白了。

第一个小伙子约姑娘共进晚餐，并在餐桌上向姑娘承诺："如果你嫁给我，我一定会给你幸福，所有的家务活我都包了，而且我会一直爱你，直到天荒地老。"然而，姑娘听了之后，只是微微一笑，说："我觉得你人很好，而且很实在，不过我还是觉得，我们更适合做好朋友！"说着，姑娘主动举起酒杯："来，为我们的友谊干杯吧，我很高兴有你这样的朋友！"

第二个小伙子家庭条件最好，所以也更自信，于是他在情人节那天给姑娘订了高档的玫瑰，然后向姑娘表白："如果你嫁给我，你肯定会很幸福，等我们结婚后，我家里的两套别墅，都会在房本上加上你的名字。"然而，姑娘听了小伙子的这番表白之后，虽然很感动，但还是委婉地拒绝了他。

第三个小伙子则另辟蹊径，他先是通过各种渠道去了解姑娘的兴趣爱好，以及喜欢哪些类型的人，并针对姑娘的这些喜好来打造自己，重新塑造自己的形象；同时，小伙子还在姑娘所在部门的同事身上做文章，于是那个部门的同事便口口相传，都说这个小伙子是如何如何的好……

结果，还没等小伙子正式表白，姑娘便主动向其示好。

在这个爱情攻势的案例中，这三个小伙子各自采用的方法，如果我们从销售的角度来看，其实也代表了三种常见的销售手段。

第一个小伙子所采用的是比较常规的方法，用销售的专业术语来说，就是推销。这种方法如果针对的是常规客户，而且自己没有什么竞争对手，当然会管用；但如果对方是一个大客户，而且自己有强劲的对手，这个时候还用这种常规的销售手段，那就很难奏效了。

第二个小伙子所采用的方法，如果用销售的专业术语来说，那就是“促销”。这种方法当然也有好处，只要你的促销力度够大，那么账面上的流水就会显得很好看。然而，由于流水毕竟不是利润，所以，很多商家在促销的时候，口口声声喊着亏本大甩卖，结果等卖完后一算账，才发现真的亏了大本。因为几乎所有的促销，都没有利润可言，毕竟很多消费者只是喜欢捡便宜，一旦恢复产品原价，销售便又冷清起来。

第三个小伙子所采用的方法，如果打一个比较应景的比喻，那就是雇用大量“水军”，进行“三位一体”营销，将自己的产品包装成客户心中最理想的样子，满足了客户对产品的一切幻想。最终，使客户主动找上门来。

从这个典型的案例中，我们可以总结出这样一个经验，那就是在实际的销售过程中，虽然我们是卖自己想卖的产品，但我们必须给客户想买的理由，而要做到这一点，就得先满足客户的心理幻想。

所以，我对销售的定义是：销售 = 做事 + 做人 + 做局。一般来说，销售的初级阶段就是把事情做好，简单的事情重复做，做到极致。中级阶段就是把人做好，人对了，整个世界就对了，这就像有很多销售新人，虽然还不够专业，但因为他会做人，客户都喜欢他，都愿意跟他成交，所以他会取得不错的业绩。而销售高手，则不但要把事做好、把人做好，还要把局做好。而所谓做局，主要体现在如何造势和借势上，意思是不但要营造氛围，更要借助一切能借的力量来促成成交。真正的销售高手都知道，成交一定是感性的，所以销售的每一个细节都很重要，这些细节包括氛围、环境、场景、专业的展示等，如图 1–1 所示。

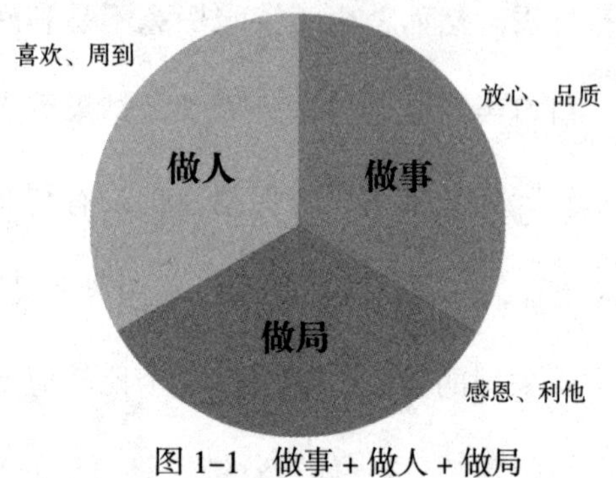


图 1–1　做事 + 做人 + 做局

那么，在做事、做人和做局这三方面，在销售的过程中，到底应该如何操作呢？

（1）做事。这一点主要体现在产品上，也就是把你产品的品质做到极致，让客户用得放心。打个比方，只有你的产品质量是“1”时，你后面所做的事才有意义；但如果你的产品质量为“0”时，那么你在后面加再多的“0”，也仍然是“0”。所以，过硬的产品质量，既可以让销售工作有一个美好的开始，又能够保证销售工作完美收官。

（2）做人。把产品做好之后，如何做人就是销售的第二个步骤。而做人主要从打造自己的人格魅力开始，也就是能够让别人喜欢你，并愿意对你有进一步的了解。当然，作为销售人员，社交是一项必不可少的能力。而在所有的商务礼节中，我们一定要遵循这样一个规律：当你希望别人如何对待你时，你就如何去对待别人。明白了这个道理之后，我们就会知道，真正的上帝就是我们自己。

（3）做局。如果我们把做事和做人比作树根和树干的话，做局就是花和果。那么，如何做局呢？实际上就是通过我们的布局和全景营销，让顾客得到切实的利益，并生出感恩之心。而当客户对我们非常感恩的时候，我们再向他推销产品，客户只要有需要，肯定会购买，因为客户知道我们不仅是在卖产品，更是在帮助他们解决问题。所以，做局做到极致，就是“无我利他”的精神。在这种精神的加持下，你的销售生涯，将无往而不胜。

## 二、业绩构成——8倍增长不是梦

当大家看到这个标题的时候，心里可能马上就会生出这样的疑惑："8倍增长？这是做梦吧！"笔者很明确地告诉大家，这不是梦，而是完全可以实现的目标。

当然了，要实现这个目标，你必须先了解一下自己目前的经营或者销售业绩，到底是由哪些数字构成的。在现实的职场中，有很多人连业绩是如何构成的都没搞清楚就开始去做销售了，这样做虽然会有业绩，但往往是事倍功半，其原因是将着力点弄错了。那为什么会将着力点弄错了呢？原因也很简单，就是不会算账。实际上，销售小白和销售高手的根本区别，也往往体现在这里，那就是前者不会算账，或者算的是糊涂账；而后者则把每一笔账都算得清清楚楚，弄得明明白白。

那么，销售业绩到底和哪些因素有关呢？

一是和客户群体数量有关；二是和平均客单价有关；三是和客户重

复购买率有关，也就是所谓“复购率”，而这一点也是很多人最容易忽略的。

下面我们再进一步细化，把我们的客户群体数量弄清楚。一般情况下，成熟的客户群，一定会包括三种类型，这三种客户类型可以简化为三个字——新、老、大。也就是说，你的客户数量是由你的新客户、老客户和大客户三个群体构成的。这样我们就可以总结出这样三点。

（1）任何一个客户群体数量的变化，都会影响你的最终业绩。

（2）你的客单价是由品类和价格构成的，也就是说，你的客户每次购买产品的品类多少和每次购买产品的价格高低，同时也会影响你的业绩。

（3）产品的效果和你的服务质量，将决定你的最终业绩。为什么这么说呢？我们不妨先思考一下，为什么客户会重复购买你的产品，他复购的核心是什么？其实原因只有两点：一是产品的效果，二是你的服务质量。也就是说，客户购买了你的产品之后，有没有取得预期的效果，对你的服务是否满意，这些问题的答案决定了客户是否会继续购买或者是否会介绍给其他客户。那么，在效果和服务这两者之间，你认为哪一个更重要呢？我的经验告诉我，那一定是效果，只有有了效果之后，才能谈得上服务的好坏。打一个可能不太恰当的比方，医院和养生馆的服务态度，哪一个更好一些呢？大家肯定认为是养生馆。但是，一旦生了病，大家肯定都往医院跑，而不是去养生馆。为什么呢？因为去医院能把病治好，而养生馆的服务虽然很好，却不能治病。因此，所有的服务，都必须建立在产品质量过硬的基础之上，客户才会愿意买单。同时还要记住一点，别人都在做的服务，那就不叫服务，而是义务；只有差异化的增值服务，才是真正的服务。

把上面的这些道理弄明白之后，我们再来算账，就不难明白了。比如，你过去的客户数量是 2，客单价是 2，复购率也是一年 2 次，那么你的业绩是多少呢？对，是 8。但是，如果你认真学习本书后面的章节，掌握一套引爆客户数量的法门，包括学会产品布局（可以增加你的产品销量），以及笔者将重点介绍的刻意练习、鱼骨图、流程图、时间圆饼图等，那么你的产品质量和服务水平就会得到很大的提高，这样自然就带动了客户的重复购买率。在这种情况下，你的客户数、客单价和复购率都将会得到提升，至于提升多少，我个人的经验是至少 50%。这样一来，你的客户数量、客单价和复购率，便由原来的 2，均提升到现在的 3。然后，我们再来算一笔账：3 × 3 × 3=27，27 是 8 的 3.375 倍。也就是说，你的业绩已经提升到原来的 3 倍多。

而如果你再稍微努力点、用心点，按照笔者以前的培训经验，是完全可以把客户数量、客单价和复购率，由原来的 2 提升到 4 的。这样的话，这笔账就变成了 4 × 4 × 4=64，64 正好是 8 的 8 倍。

所以，无论你是老板，还是高管，或者是一个普通的销售员，你每天只需要想三件事就可以，那就是如何提高你的客户数量、客单价和复购率。再说得简单一点，那就是每天一觉醒来，就想着这三件事——多客、多买、多来。如果一个公司从上至下，从外勤的销售团队到内勤的服务团队，都只想着这三件事，并把所有的工作都围绕着这三件事展开，那么你公司的业绩，很轻易地就能达到 8 倍的提升。

好了，笔者已经把道理讲得很明白，剩下的就看你如何去执行了。只要你相信，你就一定能够达到，这就是信念的力量。但是，如果你不相信，或者不愿意执行，那就没有办法了。毕竟，笔者也叫不醒一个装睡的人。业绩构成因素和业绩增长的“三件事”如图 2–1 所示。

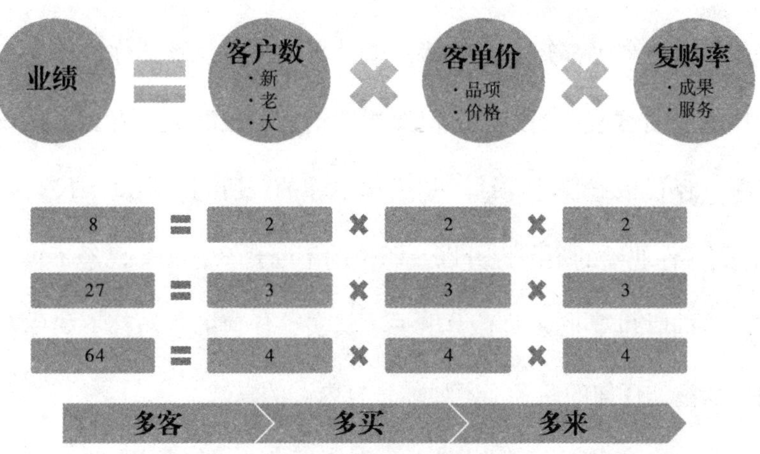


图 2–1 业绩构成因素和业绩增长的“三件事”

## 三、销售心法——一切唯心所造

凡是销售高手都知道，虽然一些技巧和话术能够让你快速入门，甚至让你的业绩迅速得到提升，但要想在销售这条路上走得更远，或者成为大咖，仅仅依靠技巧和话术是远远不够的。所谓“道高一尺，魔高一丈”，随着你业绩的不断提升以及职位的不断晋升，销售已经不再是单纯卖产品，同时也要把你的心卖出去。其实，任何的技巧都不如你有强烈的销售欲望，任何的话术都不如你发自内心的真诚。

在过往的销售培训和管理中，笔者看到有太多的销售小白，刚进入这个行业没几天就自己把自己淘汰了，而他们给出的理由也如出一辙——不适合做销售。其实，他们大可不必这么早就下定论。退一万步来说，即使真的不适合，销售能力也是我们每个人必修的一门功课，只要掌握了这门功课的原理，那么不管你从事什么职业，都会让你迅速脱颖而出，而且大放异彩。而要学好这门功课，最先要搞清楚的就是客户类型和销售心法。

在实际的销售过程中，一般会遇到三类客户，笔者将其分别比喻为红苹果、烂苹果和青苹果。一般情况下，红苹果型的客户并不多见，只占了 10% 左右，但有的销售小白很幸运，刚入行没几天就连续遇到几个红苹果型的客户，而且在这些客户的关照下，一路披荆斩棘，在销售圈里混得风生水起。然而，大部分的销售小白就没有那么幸运，甚至可能还会显得有点悲催，因为他们一入行，遇到的是烂苹果型的客户，无论你怎么拿这样的客户当初恋，他们依然会虐你千百遍，然后，这样的销售人员从此便给自己贴了一个标签，告诉自己——我不适合做销售。但是，真的不适合吗？实际上，这是自身的信念出了问题。而那些曾经屡战屡败的销售小白，在遇到笔者之后，之所以选择留下来，并在不久之后旗开得胜，并迅速提升业绩，是因为他们坚定了自己的信念。凡是参加笔者的培训课程的人，笔者都会对他们反复强调，一定要相信信念的力量，只要你相信什么，你就会得到什么！

其实，大部分人遇见的客户都是青苹果型，这样的客户占据了所有客户的 80% 以上。青苹果型的客户一般不会马上跟你成交，但也不会马上拒绝，而是选择观望，直到他们对你的产品真的放心，并对你的服务比较满意的时候，才会最终跟你成交。所以，能否赢得客户的信任，完全取决于你有没有信心。

在二十多年的销售生涯中，针对销售心法，笔者总结出了优秀的销售人员应当具备的“五颗心”：

第一颗心——百分之百相信自己能够成功之心；

第二颗心——百分之百相信公司产品之心；

第三颗心——百分之百相信客户有需求之心；

第四颗心——百分之百相信客户现在就想和我成交之心；

第五颗心——百分之百相信客户会对我产生感恩之心。

这就是销售心法的“五颗心”，如图 3–1 所示。

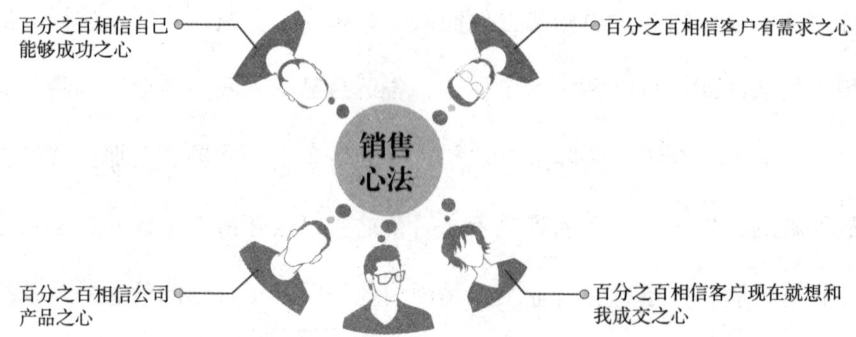


图 3–1　销售心法

下面，我们对这“五颗心”进行深入的解读。

第一颗心——百分之百相信自己能够成功之心。我们要有一个百分之百相信自己一定能够成功之心，当然这个“成功”需要加上引号，毕竟每个人对于成功的理解有所不同，而且每个人对自己的生活目标也有不同的向往，或者说大部分人并不知道自己真正想要什么样的生活，对于人生的目标和意义就更模糊了。但即使这样，也不妨碍人们对“成功”的向往。而要获得成功，并不是一件容易的事，就拿事业上的成功来说，几乎每个人都是靠着真刀真枪，才能够杀出重围的。而同样的职场小白的你，凭什么成功？就凭百分之百相信自己！如果你真的有这样的信念，那么你就一定能够成功；相反，如果你对自己产生了怀疑，那么即使天上掉馅饼，也会与你擦肩而过。就笔者的经历来说，他对自己向来就是百分之百的相信，甚至到了盲目自信的地步，虽然这种盲目自信也给自己带来过很多不必要的麻烦，但也给了自己很多次接受挑战的机会，也因此积累了更多的经验，对人生拥有更深的体会。

2015 年，笔者曾经在北京注册了一家公司，注册资本仅有 100 万元，但是经过笔者一系列的“神操作”后，有合作伙伴愿意以估值 1.5 亿元来收购这家公司的股权。对于很多人来说，这是一个天大的机会，甚至可以说是天上掉下了一个大馅饼，但笔者却毫不犹豫地拒绝了。为什么呢？因为笔者认为，自己的梦想，是不可能用金钱来衡量的。尽管后来因为各种因素，笔者把这家公司暂停了，但笔者却从未后悔自己当初的选择，因为暂停的只是公司，而不是梦想……笔者之所以说起自己的这段经历，只是想再次强调自己的一个观点——人生就是一个不断奋斗的过程，而在这个过程中，唯有梦想与自信不可辜负。

第二颗心——百分之百相信公司产品之心。也就是说，对于自己公司的产品，我们要百分之百相信。如果你对自己销售的产品没有信心，甚至持有怀疑的态度，那你要想达到很好的业绩，那是不可能的，除非你是一个彻头彻尾的骗子。笔者在江湖闯荡多年，虽然有时候身不由己，也会说一些违心的话，但对于自己推销的产品，从来都是实话实说，而且都是经过自己亲身体验，证实有效之后才会介绍给客户。所以，真正的销售，实际上就是自作自“售”，也就是说，你自己卖的产品，首先要征服自己，如果连你自己都懒得用自己的产品，你又怎么可能卖给客户。

第三颗心——百分之百相信客户有需求之心。笔者见过很多销售小白，总是自己先给客户一个假设，然后怀疑客户是否有需要。可以说，这是销售的大忌。实际上，客户是否需要，完全取决于你的引导，所以我们一定要记住，没有人会随随便便与你相遇，一旦相遇了那就是缘分。既然是缘分，你就完全有理由去给客户创造需求，而不是一上来就给客户贴上一个“他可能不需要我的产品”这样的标签。

第四颗心——百分之百相信客户现在就想和我成交之心。什么是现在呢？就是当下、立刻、马上……笔者在每次面对客户的时候，见面三秒钟就能感知到，这个客户“是我的了”，这是一种直觉，更是对自己的一份坚信。销售本质上来说就是成交，没有成交又哪来的业绩。请大家一定要记住，每次成交都是源于我们信念的坚定。比如，像笔者，之所以每次都能成交客户，正是因为这份对信念的坚定不移，而且百分之百相信，客户现在就想和我成交。所以，成交难吗？说难也难，说容易也容易，而所谓难易，完全取决于你的信念，只要你百分之百相信，你面前的客户，当下立刻就会和你成交，那么成交就真的不难。当然，这种由内而外散发出来的自信，也需要我们不断地练习。那么，需要练习到什么程度呢？当你无论身在何处都能够控场的时候，那么成交就近在眼前了。

第五颗心——百分之百相信客户会对我产生感恩之心。这份自信源于你对自己产品的深度了解，源于你对自己产品的深厚感情，更源于你相信自己的产品能够造福社会。所以，真正的销售，并不是把产品卖出去之后，多赚几个钱那么简单，而是从内心里真正相信，我们是在为客户服务，甚至在为这个社会服务。

总之，当你对这五颗心都百分之百相信的时候，那么你的客户绝对会被你吸引。这个时候，你就可以不需要任何的销售技巧和话术，只需要凭真心做事，就可以轻松搞定一切。

## 四、销售功法——“九阴真经”是这样炼成的

通过对前面三节内容的学习，相信大家已经对销售的定义有了一个深入的理解，同时也明白了实现业绩 8 倍增长的路径。但是，知道怎么走，并不意味着已经获得成功，毕竟成功的路并非一蹴而就，而是需要一步一步地走下去，在实践中不断地磨炼，在磨炼中不断成就自己。

在以往的培训课上，笔者经常问大家这样一个问题：“一个人能吃下一头两吨重的牛吗？”结果往往是话音未落，就有人开始反驳：“郭老师，您这是在逗我们吧，一个人才一百多斤，却要吃下一头两吨重的牛，怎么可能？”那么，这些人为什么如此急于反驳呢？原因其实很简单，那就是他们忽略了一个十分重要的因素——时间。是的，郭老师并没有让你一顿吃完一头牛，是不是？而且，很多事实已经告诉我们，一些当初看似不可能实现的事，在我们的能力得到提升之后，不但可以实现，而且实现起来简直是易如反掌。打个比方，如果郭老师让你去收拾一群地痞

无赖，你肯定会觉得以自己现在的这点实力，肯定是办不到的，弄不好还会有去无回，把自己的小命也搭上了。但是，如果你是在练成了一门绝世武功之后，再去收拾他们，那不就是小菜一碟吗?

其实，做销售也是同样的道理，如果笔者一上来就跟一群销售小白说：“我可以让你们的业绩再提升8倍!”他们一听，肯定会被吓晕掉——怎么可能?这郭老师也太能吹了。但是，当他们掌握了笔者所传授的功法——销售的九大核心步骤，也就是销售的“九阴真经”之后，他们就会明白，这完全是有可能的。

下面，笔者就根据自己的经验，并结合了前辈们的心得，将销售的九大核心步骤给大家奉上。本质上来讲，销售也是走流程，流程对了，成交就是自然而然的结果了。值得一提的是，这九大核心步骤易学易用，可以说一学就会，一用就有效。无论你是新入行的小白，还是久经沙场的老将，都能够从中受益。

**1.准备**

不管做什么事，如果事前做好精心的准备，那么成功的概率就能得到大大的提升，销售工作更是如此。那么，销售人员在见客户之前，需要做哪些准备呢?虽然不同行业之间会有一些差异，但下面的这两点，是必须准备好的。

（1）公司介绍。每家公司都要有自己的企业简介，作为专业的销售人员，必须把公司的简介提前整理好，而且至少要做四个版本的简介，时长分别是3分钟、5分钟、10分钟和30分钟。对于这些版本的公司介绍，都要做到烂熟于心，在见到客户的时候，能够根据不同的情况，调取不同的版本。

（2）产品介绍。相对于公司介绍而言，产品介绍的难度应该更大一些，因为需要具备相应的专业知识，而且除了要了解自己公司的产品之外，对于竞争对手的产品也要有相当深入的了解，能够做到对产品优劣势的分析。当然，对于产品介绍的准备方案，也要像公司介绍一样，多准备几个版本，这样才能满足不同客户群体的需求。

除了上面的这两项需要精心准备之外，还有公司的画册、刷卡机、合同、笔等这些物料，也都需要提前准备，这些步骤虽然看似简单，但任何一个环节出了点问题，都有可能会影响整个的销售效果。所以，有经验的管理者，都会花一定的时间，对销售人员进行培训，除了让员工了解公司的企业文化和商务礼仪之外，更为重要的是对销售的准备工作进行训练，而训练的内容，就是对这些看似简单的步骤进行不断的强化，将其印入每个销售人员的大脑。

我们可以试想一下，当一个销售人员自信满满地向客户介绍自己的公司和产品时，本身就是一种力量，这种力量会迅速地将他与客户之间的距离拉近。

**2. 将情绪调整到巅峰状态**

无论你的销售形式是什么样子，不管是店铺内销售，还是社群营销，又或者是电商，直播带货，都要记住一个关键点——销售就是信息的传递和情绪的转移。你的状态将决定你的成败。所以，当你进入工作角色的时候，不管你正遇到多么烦心的事，都必须通通放下，将自己的情绪调整到巅峰状态。当然，刚开始的时候，这会很难：明明心里有事，怎么能装作若无其事，而且能够对客户保持一份热情呢？对于这一点，就需要我们在日常的生活中反复进行训练了，毕竟真正的功夫，是在销售之外的。

那么，如何训练，才能让自己经常保持一种巅峰的状态呢？

（1）适量运动。生命在于运动，因此销售能否做好，取决于我们如何对待自己的生命。试想一下，一个人如果连自己的生命都不善待，那么他会善待自己的客户吗？而一个不懂得善待客户的销售人员，他的业绩当然是可想而知的。所以，要想成为一名优秀的销售员，就先成为一名优秀的“运动员”吧。

（2）自律生活。《大学》开篇就说道：“大学之道，在明明德，在亲民，在止于至善。知止而后有定，定而后能静，静而后能安，安而后能虑，虑而后能得。”而《大学》开篇的这几句话，实际上与禅宗所说的“由戒生定，由定生慧”有异曲同工之妙，都在强调“持戒而行”，也就是自律生活。所以，所谓修行，其实并没有我们想象得那么玄妙，而是平平常常的生活，有所为有所不为。当然，已经浮躁惯了的我们，要想回归正常，就需要不断地练习，才能逐渐掌控自己的情绪，而不是被情绪掌控。

（3）心理暗示。大文豪雨果曾经说："世界上最宽阔的是海洋，比海洋更宽阔的是天空，比天空更宽阔的是人的胸怀。"那么，人的胸怀在哪里呢？又是从哪里来的呢？其实，这个胸怀不是别的，而是人的心灵，而人的心灵虽然看不到，却无处不在，无时不在。所以，心灵的本质，实际上就是宇宙的本质。当我们了解了这些原理之后，我们就不难明白，心理的暗示到底有多强大了。所以，真正有作为的人，每天都会通过不断的心理暗示进行自我加持。比如，笔者就曾经每天早上站在镜子面前，大声对自己说："郭敬宋，你是最棒的销售员，你是最棒的演说家，你一上台就能征服全场！"虽然到今天为止，笔者还没有成为最棒的销售员，但作为一个销售老将，笔者深深地懂得，什么叫"取法乎上，得乎其中；取法乎中，得乎其下"。所以，请一定要相信，你每天给自己的心理暗示是什么，你最终得到的就是什么。

当我们每天都用正能量来暗示自己的时候，自然就会使自己的情绪处于巅峰状态；当我们带着这样的状态给客户打电话，或者去拜访客户时，客户自然就会被我们的这种状态传染，进而心甘情愿地融入我们的气场。

### 3. 建立信赖感

一切的成交都源于信任和需要。作为销售员，将准备工作做扎实，并把自己的情绪调整到巅峰状态后，就可以自信满满地去面对客户，与客户进行正面沟通了。而销售员与客户的第一次亲密接触，是十分重要的，甚至可以说是相当关键的一个环节。在这里，需要注意的是，面对第一次接触的客户，销售人员一定不要急着销售。

相信大家都有过这样的经历，刚刚迈入某家服装店，导购员就面带微笑地迎上来，然后就是下面的这些话术：

“您好，欢迎光临！”

“您喜欢哪些类型的衣服？”

“您试穿一下吧，先看合不合身！”

这个时候，你是不是想转身就走掉？然而，我看到太多的门店的导购员，基本上都是这样操作的。而这样的操作，毫不客气地讲，简直就是在浪费资源，好不容易来了一个客户，结果被这种简单粗暴的销售模式吓跑了。

还有一种销售人员，去拜访客户的时候，一上来就说：“对不起，打扰您了！”这个时候，如果恰巧客户心情不太好，那你就很有可能成为其泄愤的对象。当然了，这也不能全怪销售人员不会说话，毕竟所有的客户都会有天然的防护系统。当触碰到客户的这层防护系统之后，客户的第一反应，当然就是奋起反击。

记得在2002年，年轻气盛的笔者在长春一家广告公司做销售，当时他每天的工作内容就是打电话和陌生拜访。有一次，笔者去某个大厦扫楼，好不容易躲过眼尖的保安，上楼后刚敲开一家公司门，还没来得及将自己的来意说完，对方就粗暴地下了驱逐令：“赶紧给我滚！”

而笔者当时的反应，用今天的话来说，就是“亮了”，只见笔者稍微低下头，透出无奈的表情，说：“我刚从对面公司滚过来，你还想我滚到哪里去！”

客户本来以为笔者听到他的驱逐令后，马上就会灰溜溜地走掉，没想到笔者不但没走，还能跟他调侃，觉得这个业务员挺有意思，于是当时充满怒气的语气马上缓和下来，随即笑着跟笔者说：“你们也挺辛苦的！”

于是，话题就这样聊开了，因为客户开始对这个人感兴趣了，笔者也紧紧抓住机会，在客户卸下防护系统的时候，迅速跟客户建立起了信赖感，拿下了业务。

其实，笔者后来通过学习和培训，才知道当客户让你滚的时候，并不是他对你有多反感，而是他的心情很不好。所以，作为销售员，其实更像一个杂家，不但要具备专业知识，还要有哲学思维，更要精通心理学。

还有一次，笔者刚要给客户介绍产品，客户就对笔者说：“我们不需要。”笔者听了这话之后，凭着自己丰富的经验，当时断定客户对这款产品还不了解，也不想了解。这个时候，如果笔者还继续介绍自己的产品，那就太没有眼力见儿了。但是，也不能就这样走了，既然不能聊产品，那就聊聊人吧！于是，便对客户说：“我知道您公司现在有200多位员工，但是您的员工当中，有没有一个像我一样，拜访一个客户10次以上，如果你的员工都像我一样，锲而不舍地拜访客户，那么您的公司很快就会上升一个台阶。”

客户听了笔者这么一说，脸上的表情愣了一下，但没说什么。于是，笔者紧接着说道：“只要我不放弃，你就永远拒绝不了我。”

这一下，客户的眼睛开始亮起来了，也许他对我所介绍的产品还不感兴趣，只是对笔者这个内心强大的销售员感兴趣，进而生出了想挖人的想法。当然，笔者也不是谁想挖就能挖走的，但反过来一想，当你发现所有的客户都想挖你的时候，你就赢了。

所以，作为销售员，必须和客户建立起信赖感，这是十分关键的一步。把这一步做好了，后面的步骤就会顺利很多；相反，如果这一步没做好，后面步骤，基本上就寸步难行了。

下面笔者就给大家列举一些建立信赖感的方法，相信这些方法一定会对你有所帮助。

（1）得体的衣着。俗话说“人靠衣装马靠鞍”，这句话是很有道理的，可以说是老祖宗给我们留下的经验。实际上，衣着就是每个人的名片，尤其是作为销售员，如果穿的是正规的职业装，就很容易在客户中建立起依赖感；相反，如果你的穿着很随意，客户心里就会犯起嘀咕："这个人靠谱吗？"而当客户有了这样的想法之后，后面就很难继续谈下去了。所以，一定要记住，你的形象价值千万。

（2）真诚的微笑。真诚是全世界最大的套路，而微笑尽管是一件轻而易举的事，却能够产生无穷的力量，尤其是在人与人之间的心灵沟通方面，真诚的微笑一直是最好的媒介。作为销售员，要与客户建立起依赖感，虽然方式有很多，但最牢靠的方式，就是与客户的价值观同步，而最直接的表现方法就是用柔和的目光，注视着他的眼睛，然后送给他最真诚的微笑，并向他点头示意。这一点，大家可以随便找个人来试一下——注视、微笑、点头……你会发现，大部分人都会和你做同样的动作，莫名其妙地与你同步。由此可知，微笑的力量，确实无比强大。

（3）衷心地赞美。普通人的习性，是忽略别人的优点，而使劲抓住别人的缺点，然后进行批评；而销售人员则反其道而行之，忽略别人的缺点，找出别人的优点，然后衷心地赞美。所以，为什么说干销售要从做人开始呢？因为所有的销售，都必须与人打交道；而与人打交道，就必须投其所好。当然，这里面有一个技巧上的问题，那就是虽然客户的"所好"是某一种物件，我们却不能直接去赞美那个物件，而是将他喜好的那种物件与他的眼光、品位、气质等结合起来。比如，当我们要赞美客户的穿着时，即使他穿的是某个著名的品牌，我们也不能直接去赞美那个品牌，因为品牌跟他无关，你可以这样说：“您这个品牌的衣服，我虽然见过不少成功的人士穿，但这件衣服穿在您的身上，却能够很好地衬托出您的气质，就像专门给您定制一样，也只有您才能够驾驭得了。”

有一点需要注意，千万不要把拍马屁视为赞美，两者之间有着本质的区别。赞美是由衷地欣赏对方，然后衷心地赞美对方的闪光点；拍马屁则是为了达到自己的目的，而说一些违心的好话。

（4）学会聊天。所有的销售工作，都是从聊天开始的，所以看一个销售人员是否合格，只要看他会不会聊天就知道了。当然，不是所有的人，天生就会聊天的，尤其是那些刚从学校毕业的职场小白，由于缺乏经验，而且不知道从哪里找话题，所以确实不知道该怎样跟客户聊。那么，这种情况应该怎么办呢？笔者的建议主要有两点：第一，只聊自己擅长的话题；第二，弄清楚客户对哪个话题最感兴趣，然后想办法让客户把话匣子打开，自己则扮演倾听者的角色，在听客户聊的过程中，一定要面带微笑，频频点头，而且能够适时地应和。如果能够在关键的时刻，拿出笔和纸做记录，那效果就更好了。我们自己可以试想一下，如果你在讲话的时候，有一个人在拼命地做笔记，你会作何感想？是不是想更进一步帮助他？所以，千万不要小看这些微小的细节，很多大单往往就是由这些看似微不足道的细节促成的。

当然，也不是说，对于自己不擅长的话题，就一直从头到尾都闭嘴，只要愿意想办法，还是能够找到切入点的。比如，笔者有一次去拜访一位客户，刚好客户有一个朋友也在，于是大家就坐在一起聊天。当时，他们在聊一个特别冷门的话题，我则干坐在一旁，一句也听不懂，足足有十多分钟，一句话也没插上。这个时候，笔者突然灵机一动——去了趟洗手间。然后拿出手机，找到“度娘”，将那个话题的一些核心知识速记于心，回来后便借机发表了一下自己的看法，结果瞬间征服了全场，因为他实在想不到，一个销售员能够对如此冷门的话题也有深入的研究，于是直夸笔者博学多才，而笔者也趁机将话题转移到自己熟悉的领域。当然，这种快速吸收的能力，主要得益于笔者的兼容并包，以及长期坚持不懈的训练。

（5）上善若水。老子在《道德经》中说过：“上善若水。水善利万物而不争，处众人之所恶，故几于道。居善地，心善渊，与善仁，言善信，正善治，事善能，动善时。夫唯不争，故无尤。”如果将老子的这段话翻译成现在的白话，大意是这样：“道就好像水一样。水善于滋润万物而不与万物相争，停留在众人都讨厌的地方，所以最接近于道。有道的人，居住善于选择地方，心胸宽广沉静，待人真诚友爱，说话恪守信用，为政精于治理，处事善于发挥所长，行动善于把握时机。正因为不与人相争，所以也就没有过失。”

从老子的这段话中，我们可以看出，老子对“水”给予了极高的评价，认为水的性质最接近于道的本质。而从老子对水的性质描述中，我们更是发现，水的性质与销售员的品质，有着极为惊人的相似性。而事实也恰好证明了这一点，当一个销售员的品质与水的性质更接近时，他的订单就越多，成功的速度也越快。

正所谓水无常形，销售员的角色也正如此，为了迅速与各类人群拉近距离，建立信赖感，必须不断地转换自己的角色，有时候是老乡，有时候是同学，有时候是校友……同时，在兴趣爱好方面，也要有所涉猎，比如阅读、茶艺、咖啡、字画、古玩、音乐等。总之，你了解的知识越多，在“分身”的时候就越方便。如果你能够像孙悟空那样，学会七十二变，那么在销售领域，你基本上就达到独孤求败的境界了。

当然了，万变不离其宗，虽然我们与每个客户交流的方式都不同，但建立信赖感的核心基础，仍然只有两个字——真诚，而且是百分之百的真诚。只要我们敞开心扉去与客户交流，想客户之所想，急客户之所急，那么我们收获的，将不只是业绩，还有可以交心的朋友，甚至是一辈子的朋友。

**4. 了解客户的需求**

我们都知道，成交的前提是客户有需求。如果客户没有需求，或者在潜在需求还没有被我们开发出来之前，那是不可能成交的。那么，作为销售员，我们应该如何了解客户的需求呢？要想做好这一点，是需要下一番功夫的。

根据笔者的经验，在面对客户的时候，销售人员一般有两种表现：第一种表现是会说，第二种表现是会问。而这两种表现的结果，也是截然不同的。会说的销售员，虽然能说会道，但经常是费力不讨好，往往是说着说着，就把客户说跑了；而会问的销售员，虽然看起来话不多，但说出来的每句话，却都能够击中客户的要害，最后让客户心甘情愿地买单。这两种表现的结果为什么差别如此之大呢？其实原因很简单，会说的销售员基本上是以自我为中心，其出发点是为了把自己的产品卖给客户；而会问的销售员则是以客户为中心，其出发点是在了解客户需求的基础上，满足客户的需求，或者解决客户的问题。所以，从两者的表现来看，前者是无的放矢，盲目出击，最后往往铩羽而归；后者则是有的放矢，四两拨千斤，最后满载而归。而这两者的差别，应该就是所谓的"失之毫厘，谬以千里"吧。

然而，我见过太多的销售员，都喜欢做前者，以商场的服装店导购来举例，客户一进门，迎上去之后第一句话是"欢迎光临"，第二句话是"我们店正在打折"，然后就开始滔滔不绝地给客户介绍自己店里的服装，也不管客户的表情变化，最后客户只留下一句"回头再来看看"，然后就头也不回地走了……

还有房地产售楼处的销售员，也基本是这样，客户一进来就把自己房子的十大卖点流利地背诵出来，却往往忽略了，自己刚背到第三条的时候，客户就已经不耐烦了。

而真正有功力的销售员，却是反其道而行之。我们还是以商场服装店的导购为例，他的开场白往往是这样："我们家的服装有点小贵，而且也未必适合您。不过，你可以说一下你喜欢的类型，如果我们这里没有的话，我可以介绍别人家的品牌给您。这个商场里的服装店，我都很熟的。”这样一来，反倒激起了客户的兴趣。

“有点小贵？”到底是多贵呢——先看看！

“如果这里没有适合的服装，还可以介绍别人家的品牌”——这导购真好，够仗义。既然他这么好，还是尽量在他家选吧。

卖房子也是一样的道理，你得先了解客户的需求，才能知道什么样的房子适合客户。而要了解客户的需求，就得先与客户聊天，了解客户的家庭情况，包括家里有几口人、有没有老人、孩子等。如果客户是为了给老人买房子，那么他更关注的，就是小区的配套和人文环境；如果客户是工薪阶层，那么他考虑更多的，就是价格。如果对方想买一套200万元的住宅，那给他推荐198万元的就好，这样一来，客户会觉得你是在为他着想，帮他省钱。

再比如卖汽车，大部分人刚开始买车的时候，其实不知道自己想要买一辆什么样的车子。这个时候，你就可以问问他身边的朋友或同事都开什么价位的车，因为客户在没有明确目标的情况下，有可能只是想买一辆比自己身边朋友更贵一点的车。至于车子的性能，如四轮驱动、独立悬挂、涡轮增压等，他可能根本就听不懂。但是，如果你跟他说，他马上要买的这辆车，在哪些方面比他朋友的车更牛，那他肯定听得懂，而且更感兴趣。

老子在两千多年前就告诉我们："圣人常无心，以百姓之心为心。"而历史也告诉我们，凡是"以百姓之心为心"的帝王，都是英明的帝王，而他所统治的时代，也一定是太平盛世的时代。实际上，销售员和圣人、帝王也是一样的角色，所以才会有人说"不当总统就做推销员"。但是，为什么从事销售的人那么多，而真正获得成就的却永远是少数呢？其实，原因很简单，因为只有少数人能够做到"以客户之心为心"。所以，作为销售员，如果能够放下对"我"的执着，进入"无我"的状态，那么就能够全心全意地为客户服务了。而一旦有了这样的觉悟，不想成功都难。

**5. 知己知彼，百战不殆**

在第一步的准备环节中，笔者就建议大家把重点工作放在公司介绍和产品介绍上，而且要分为几个版本。之所以这样，主要是要看客户的时间，比如第一次见面，或者陌生拜访时，客户只给你几分钟的时间，那就使用简略版的产品介绍；如果客户给的时间比较多，那就使用详细版的产品介绍。但是，作为一名优秀的销售员，仅仅了解自己的产品，那是远远不够的。兵法上有一句话，叫"知己知彼，百战不殆"，这句话可以说是历代那些优秀的军事家共同总结出来的作战经验。今天的商战同样如此，只有知己知彼，才能所向披靡。

那么，作为销售员，怎样才能真正做到知己知彼呢？笔者认为，至少要做到三点：

（1）对自己的产品要充分了解，相信自己的产品是最棒的，是物超所值的；

（2）对竞争对手的产品也要了解，要掌握其优势和劣势；

（3）对客户的需求和心理活动要有所了解，能够做到投其所好，或者对症下药。

上述的三点中，第一点当然是重中之重，而且是在培训阶段就必须掌握的。一个销售员如果不了解自己的产品，就相当于一个人不认识自己一样，是一件很糟糕的事情。第二点的重要性也不必说，如果一个销售员只了解自己的产品，却不了解竞争对手的产品，那么他的自信就是盲目的自信，这实际上也是销售的大忌。当然，了解竞争对手的产品，并不是让我们在客户面前去贬低它，而是引导客户进行正确的、理性的对比。所以，在跟客户进行具体的沟通时，我们可以通过各种方式，了解一下客户是否知道竞争对手的产品。而且，不管客户知道还是不知道，了解还是不了解，我们都不要在客户面前说竞争对手的坏话，而是应该适当地赞美他们，然后再询问客户：对于竞争对手的产品，他们比较满意的地方是什么？有没有一些让他们不太满意的地方？对于后面的这个问题，我们一定要有信心，因为对于竞争对手的产品，客户一定会有不满意的地方。如果没有的话，客户早就与他们成交了。而客户对其不满意的地方，恰恰就是我们的机会和突破口。至于第三点，可以说是成交的关键，只是很多销售员容易把这一点的重要性忽略了，所以才导致了那么多“出师未捷身先死，长使英雄泪满襟”的遗憾。所以，对于临门的这一脚，我们还是要花点心思，懂点技巧，才能把“球”顺利射进对方的门框里。那么，作为销售员，应该如何了解客户的需求和心理活动呢？一般情况下，我们在与客户进行交流时，可以通过客户的一些微表情来判断客户对我们的产品是否感兴趣。比如，你在给客户介绍产品时，如果客户认真倾听，表情专注，而且会主动提出一些问题，那就基本可以认定，客户对你的产品是比较感兴趣的，对你的服务水平也是比较认可的；如果客户时不时地看手表或者门口，那就说明客户还有一些事情要处理，目前他不想再继续聊下去了；如果客户双臂抱在胸前，那就说明客户对你还不太信任，对你采取的是防御的态度；如果客户跷起二郎腿，那就说明他有点不耐烦了……当我们了解了客户的这些心理活动之后，就要采取相应的应对措施，而不是视而不见，继续我行我素。

一般情况下，销售员在培训阶段，导师都会针对客户的一些心理活动，教授一些相应的应对技巧，包括一些专业的话术。当然，在后面的内容中，笔者也会把这些方法教给大家，比如口才的锤炼、万能话术的运用等。只要你熟练掌握了这些方法，那就没有你不会卖的产品。因为事实已经证明，一段专业的话术，配合上悦耳动听的声音，再加上适当的肢体动作，是很容易吸引并彻底征服客户的。

### 6. 解除抗拒点

我的经验告诉我，解除客户抗拒点的最佳方法，永远是让客户来见证。所以，在给客户介绍产品的时候，你要学会声情并茂地讲述10个以上的老客户见证。讲述的方法，可以是对比法，比如在使用之前是什么样，使用之后又有哪些变化；也可以用排比法，比如举一连串的客户使用产品之后所带来的各种好处。当然，在实际的销售过程中，客户还会有很多抗拒点，这个时候我们可以通过发问的方式，去了解客户的真正抗拒点在哪里。

举一个例子。有一个顾客到家具店去购买沙发，在选中了一套沙发之后，尽管对这套沙发的所有地方都很满意，却犹豫再三，迟迟没有成交。于是销售人员便通过询问，发现客户有一个抗拒点，那就是沙发的皮毛垫子，因为他家的孩子对皮毛制品会有过敏的现象。销售员在了解了这些情况后，马上果断地对客户说：“这个好办，我们可以为您定制，对于垫子，您喜欢什么样的材质，我们就用什么样的材质。”这样一来，客户马上就痛快地下单了。

其实，解除客户的抗拒点，还有很多方法。不过，在决定使用那些方法之前，我们首先要对客户进行分类。一般情况下，客户大致可分为如下几种类型。

（1）成本型和品质型

从客户的消费模式来看，可以分为成本型和品质型。对于成本型的客户，你要多说产品的性价比，尤其是对于大单的客户，你要学会给客户算账，把你产品的总价值除以产品的使用周期。如果使用周期是10年，你就除以3650天；如果使用周期是20年，你就除以7300天。这样一来，客户就会发现，再大的订单，也经不起这种算账的方式，而且只要你一算账，大部分客户就会觉得物超所值。这个时候，如果你再适时地赞美客户，说他的目光比较长远，客户自然也就心甘情愿地下单了。

对于品质型的客户，你就多说生活的品位，因为这些客户不缺钱，所以要尽量强调产品的品质，比如血统、原产地、原材料、品牌等。当然，最后千万不要忘记赞美客户的眼光，而且一定要再次强调这些产品主要是给一些小众客户定制的，因为普通的客户都不懂得欣赏。

（2）配合型和叛逆型

从客户的购买习惯来看，可以分为配合型和叛逆型。对于配合型的客户，大家都比较容易理解，也比较容易搞定，所以笔者就不再赘述了。对于叛逆型的客户，要想促成成交，就需要花点心思，用点技巧了。家里有孩子的朋友，大概都会有过这样的经历，当孩子正在玩耍的时候，如果你叫他吃饭，他大概不会理你，如果你一生气，再对他大呼小叫，那就彻底完了……虽然他会暂时屈服于你的威吓，但等他翅膀硬了之后，你基本上就拿他没有办法了，就算你一哭、二闹、三上吊，他都懒得看你一眼。但是，如果我们换一种方式，那效果就完全不一样了。同样是在孩子玩耍的时候叫孩子吃饭，如果你这样对他说：“宝贝，你再玩一会儿，我们先吃饭啦。等我们吃好了，你再吃点剩饭剩菜就行……”这个时候，孩子大概就会说：“不要，我要跟你们一起吃！”

其实，这种叛逆，不仅仅表现在孩子的身上，成年人更是如此。笔者想问一下女神们，不管你的老公在外面表现得怎么样，在家里的时候，他是你吩咐他做什么他就做什么，还是你越不让他做什么他就越做什么？以笔者为例，笔者平时在家的时候，每次做饭，炒菜时都会有点咸。于是，每次笔者炒菜的时候，老婆都会跑到厨房说：“你少放点盐，你想齁死我啊！”结果，她不说还好，她一说，这顿菜只会更咸……

所以，如果你遇见配合型的客户，那笔者就恭喜你了，你一定要多给他介绍你的产品。事实证明，客户买了你一件产品之后，就会有购买第二件产品的可能，但大部分的销售员却往往都止于销售一件产品，而没有继续推荐第二件产品，这实在是一种损失。

但是，如果你遇见叛逆性的客户，应该怎么办呢？笔者的经验是采用激将法。举例来说，如果你是卖衣服的，当客户试穿之后，你就不要跟他说“这件衣服很适合您”，可以这样说：“这一件您穿起来显得有点瘦了，要不我再给您拿一件再大一码的。”他一听，或许就会说：“不用，我穿这件正好。”如果你是卖车的，你就不要说这款车很实惠，而是说这辆车价格不便宜，而且油耗很大，他一听，也许马上就说：“我就喜欢马力大的。”

那么，对于这两种类型的客户，到底是哪种类型更多一些呢？笔者可以负责任地告诉大家，实际上都差不多，就看谁来负责销售了。有的销售员会把配合型的客户逼成叛逆型的客户，有的销售员则把叛逆型的客户培养成配合型的客户，这些都是有可能的。所以，客户是什么样的类型并不重要，因为归根结底，主要取决于销售员是什么样的类型。

（3）自我判定型和外界判定型

从客户的决策意识来看，可以分为自我判定型和外界判定型。所谓自我判定型，就是喜欢自己说了算。遇到这样的客户，销售员可以适当地使用激将法，在他犹豫不决的时候，"提醒"他一下："先生，您要不要先跟太太商量一下再做决定？"他一听这话，自我意识马上就被激发出来了，心想："老子什么时候都是自己说了算，就这个了，马上刷卡。"

那么，如何判定客户是哪种类型的呢？一般情况下，几乎所有的成功人士，都是自我判定型的客户，还有就是自己一个人逛街的女性，因为普通的女性在逛街的时候，要么找闺密，要么找同事，不太可能一个人出去逛街购物。

而所谓外界判定型客户，就是在做决策前，会先听听旁边人的建议的客户。所以，遇到这样的客户，那就绕过他，先把他的同伴搞定，结果自然就水到渠成了。但是，如果一个外界判定型的客户，今天恰巧是他自己一个人出来，那怎么办呢？他该听谁的？这个时候，销售小白一般会让他给家人或朋友打电话商量，但商量的结果往往是成交泡汤；而销售高手则不会让他给家人或朋友打电话商量，而是直接给他建议，帮他做决定，并消除他的顾虑，解除他的抗拒点，结果就是不仅顺利成交，而且客户还得感谢他，为他点赞，因为他真的是想客户之所想，急客户之所急，而且全心全意为客户服务。

**7. 抓住成交点**

一个销售员，不管他多么努力，也不管他把工作做得多么好，但如果没有业绩，他就没有办法在这个行业继续做下去。所以，支撑一个销售员走得更远的，永远只有一点，那就是业绩。那么，业绩从哪里来呢？很显然，业绩来自成交。所以衡量一个销售员是否优秀，只要看他是否善于成交就可以了。

在笔者的从业生涯中，我看到了太多这样的现象，那就是大部分的销售人员，都是在“最后一公里”，甚至是在“最后一米”时把自己 Pass 掉了。很多销售在与客户的接触中，总是绕来绕去，就是不敢提成交，生怕客户拒绝，总觉得客户如果买了你的产品，你就欠了他一个很大的人情，所以经常是一脸的不好意思。但实际上，只要我们做的是正当生意，那么所有的成交都是互利互惠的，是一件双赢的事。所以，我们一定要牢牢地记住，该出手时就要出手，因为火候到了，你再不成交，就会被你的竞争对手成交了。

我有个做保险的朋友，经常跟我说保险有多好，但就是不好意思让我从他这里买保险，每天都是给我介绍了一些保险产品之后，就没再往下说了，弄得我也干着急。后来，当有别人再向我推销保险时，我就从别人那里买了。他知道这件事后，就一直埋怨我，说白交了我这样一个朋友，明知道他在做保险，却没有在他这里买，而是从别人那里买。但是，我听了也觉得很委屈，于是就告诉他："我以前是不了解保险的功能的，但经过你不断的介绍，我总算慢慢了解了，但你每天都只是给我介绍，却从来没有让我买，更没有提让我从你这里买，所以别人一给我推销，我觉得不错，就从别人那里买了！"

其实，生活中这样的案例实在是太多了。有一句歌词这样唱道："确认过眼神，我遇上对的人……"但如果不敢表白，遇到再对的人，又能怎样呢？记得在上学的时候，笔者很喜欢隔壁班的一个女孩子，每次下课在走廊里相遇的时候，我们都会注视着对方的眼睛，我从她的眼神里能明显地感觉到，她也是喜欢我的。但没想到的是，日后在销售圈里叱咤风云的笔者，当初在面对自己喜欢的女孩时，却总是手足无措。就这样过去了大半年，在一个夏日的午后，我在操场上看见她和一个曾经跟我学吉他的学弟，手牵着手在散步……那一刻，我终于明白，我已经完美地跟她错过了。

所以，做销售跟追女孩子其实是一样的道理，只要你敢开口，就有成功的可能，而且即使她今天拒绝你，只要你不放弃，你就一直有机会。但是，如果你不主动开口，而是等着别人主动来追求你，那笔者劝你还是醒醒吧。再等下去，你只会等来她结婚的消息，当然新郎不可能是你，你只是个嘉宾。

所以，在时机成熟之后，一定要果断出手，敢于成交。如果一次不成就两次，两次还不成就三次……直到签单为止。记住，这个世界上没有人会拒绝你五次以上，如果有的话，那就再来五次。

总之，敢于成交是一种信念，是对自己产品的一种肯定，更是对自己的一种认可，同时也要百分之百相信，我们所做的一切，都是为了解决客户的痛点，满足客户的需求。因为，一切成交都是为了爱。

**8. 引导客户升单或转介绍**

顾客的购买欲望其实是无限强大的，所以当顾客购买了第一件产品的时候，只要我们稍微引导或提示，他就很容易继续买第二件、第三件，只是很多销售员往往在卖出第一件产品之后，就没有了进一步的动作，所以很难使自己的业绩有一个质的飞跃。

其实，如果你尝试问一下：“我们店里还有一款新上市的产品，现在卖得挺好，您要不要也带一个？”这个时候，顾客只有两个选择：一个是拒绝，另一个是接受。如果拒绝了，你并没有任何损失；如果接受了，你就会有意外的收获。这种只赚不赔的好事，如果白白错过，是不是很可惜呢？

那么，对于拒绝继续购买的客户，我们是不是就轻易放过了呢？当然不能，因为这样的话，那就太浪费资源了。其实，顾客既然已经跟你成交，那就说明顾客对你的服务是认可的，对你所销售的产品也是认可的，所以如果他没有继续购买第二件产品，只能说明他目前没有需要。

但是要知道目前他不需要，并不代表他的朋友不需要，更不代表他的同事不需要，是不是？所以，这时候，我们就可以要求顾客转介绍，是要求，而且是当下。从另一方面来讲，每个人都有自我肯定的需要，都想证明自己的决定是对的，那如何证明自己的决定是对的呢？最简单的办法，就是把朋友拉过来。其实，在我们的身边，也经常会发现这样的现象，比如，一个人本来和你使用同一个品牌的手机，但当有一天他换了另外一个品牌的手机后，他会拼命地动员你，让你也换跟他同一个品牌的手机；再如，有人买了一套在城北的房子，他也会向身边的朋友讲，城北的房子是多么好，交通方便、环境舒适、配套齐全等，虽然有人听了之后不以为然，甚至会奚落他，他也会乐此不疲，继续找别人叨叨，因为他觉得自己的决定是对的。特别是多疑的女人，如何证明自己的决策是对的？那就是拉闺密下水。

所以，当客户成交以后，如果没有继续升单，不要灰心，因为这也是我们要求客户转介绍的时机。而这个最佳的时机，应该是在你为客户做了一些增值服务之后，趁着客户感动时提出来。

记得笔者刚刚进入培训行业时，就曾经遇到一位客户，几乎帮笔者完成了一半的业绩，因为经常帮笔者转介绍，弄得他身边的朋友都误以为他改行做培训了。

记得笔者刚刚出道讲课时，虽然在自己的公司内部做了大量的练习，但真正上台分享时，与在台下练习却完全是两码事，很多在台下练习得很熟练的内容，在台上分享时，却经常想不起来。为了使自己的演讲能力能够尽快提升，于是我就大量地向客户推荐自己，甚至免费去给客户做员工培训。我还清楚地记得，第一次给客户培训完之后，客户拉着我的手说：“郭老师啊，你这课讲得怎么样暂且不论，就凭你敢于给我们员工做分享的精神，我真是发自内心地佩服啊！”我当时听了，以为对方是在夸我，还很自得，后来才发现，客户的意思是说，“就你这个演讲水平，还敢来给我们公司讲课，这胆量确实是够大的”。但是，有一点是不可否认的，那就是客户确实很佩服笔者，因为笔者干了一件他一直想干却没有干的事——公众演讲。

当然了，虽然现在的笔者已经能够在台上挥洒自如，但第一次上台分享的时候，那真的是紧张得不要不要的。当时感觉心脏都要跳到嗓子眼了，无论喝多少水，仍然是口干舌燥，甚至有些时候大脑是一片空白。然而，神奇的是，即使大脑一片空白，嘴巴也一直没有停下来。当然，自己也不知道当时到底说了些什么，直到后来听录音时才知道原来自己这么能讲，真是应了那句话——台上一分钟，台下十年功。

讲完之后，客户当然是有所表示的，除了给我包红包，请我吃大餐，甚至还给我那辆 1981 年产的红旗老爷车加油。当然了，红包和给汽车加油的事，笔者都拒绝了。至于吃大餐，那就客随主便了，毕竟笔者也需要与客户有进一步的交流，而有些交流，在饭桌上更合适。

果然，在饭桌上，客户就对笔者说：“郭老师啊，我还想再让你来给我们公司的员工做培训，可是你这又不收钱，我怎么好意思啊？”

我一听，知道机会来了，于是就说：“张总，我既然跟您说过，不收您的费用，那就真的不收，连红包也不要。不过，如果您觉得我确实还行，倒是可以给我介绍一些客户，让他们通过我的分享，也能够从中受益，这不是两全其美的事吗？”

客户听我这么一说，当时就拍板：“没有任何问题，这事就交给我吧！”

我于是进一步道：“谢谢张总，您真是太给力了，不过您给我介绍客户的话，如果还需要我来打电话介绍课程，再去收钱，那就太浪费时间了，我们都是做事讲究效率的人，所以您最好让您的朋友先把学费交了之后，再让我介绍课程。”

于是，在我接下来的一段时间里，笔者经常接到一些陌生电话，对方基本上是一上来就问：“您就是郭老师啊，您到底是怎么给我张哥洗脑的，还要我先给您打款，再让您给我介绍课程。”

我的回答也很简短：“那您是打还是不打啊？”

对方一听，也蒙圈了，便说：“那好吧，反正我是给张哥面子。”

一定记住，这个时候一句废话都不要说，直接把账户信息发给他就可以了，因为说得越多，就越会给他拒绝的理由。

当然了，你要对自己的产品百分之百地有信心，百分之百相信你的产品能给客户带来价值。果然，客户上完课之后，也成了笔者的忠实粉丝，然后也疯狂地给笔者转介绍。

还记得我们在第一节里讲的内容吗？销售的最高境界就是做局，做局的核心就是利他。而实现这一成果的显现，就是客户对你的感恩。当你所呈现出来的价值，已经超出客户的期望值，并发自内心地去帮助客户时，客户就会疯狂地帮你转介绍。所以，将心比心，所有的付出都会有回报的，因为善因结善果，这是永恒的规律。

好了，请大家一定要记住这第八步有个关键词，即“要求客户升单或转介绍”。而这十个字当中，最关键的，则是“要求”两个字。实际上，所有的业绩，都是通过要求做出来的，你不去要求，人家怎么知道你的想法？所以，请你大胆地去要求客户吧，千万不要害怕出丑，因为出丑就是成长。反过来说，如果你已经好久没有出过丑，那就说明你好久都没有成长了。

**9. 做好售后服务**

笔者在前面已经说过，做销售跟谈恋爱一样，能不能成交，取决于你敢不敢表白。但是，成交之后就完事了吗？如果你认为是，那么笔者只能认为你不适合做销售，也不适合谈恋爱，更不适合成家。为什么呢？因为成交就是成家！而成家才是立业的开始。

俗话说：“每个成功男人的背后，都站着一个伟大的女人。”同样的道理，一个成功的销售员，背后都站着一群优质的客户。所以，我们一定要记住，售后服务才是真正销售的开始，也是我们能否在事业上真正获得成功的关键。

我们都知道，销售员的业绩提升，取决于客户数量的提升，那么如何实现客户数量产生裂变，让客户数量快速增长呢？其实，最好的办法，就是服务好我们的老客户，然后让老客户去帮我们开发新客户，甚至带动新客户。根据笔者多年总结出来的经验，让老客户带动新客户永远是拓展销售渠道最好的办法。另外，从成本来看，开发一个新客户和服务一个老客户，所需要付出的时间和精力，前者至少要多出 5 倍。这一点，结过婚的人都应该有深刻的体会，是结婚之前哄女朋友需要的成本更大，还是结婚之后哄老婆需要的成本更大？两者一比，大家自然就心里有数，是不是？

当然了，要做好售后服务也不是一件很容易的事，就像婚姻生活也需要经营一样。不过，也没有想象中的那么难，因为难易只在于用心的程度——只要善用其心，便轻车熟路，得心应手；如果不会用心，那就烦恼重重，剪不断，理还乱。

那么，如何对老客户用心呢？需要记住的一点，就是严格按照成交时协议的标准来执行，在这个基础之上，再增加一些额外的服务，基本上就不会出现大的差错。

笔者曾经看到过太多的客户，刚开始成交的时候满心欢喜，充满期待，但在交完钱后，又开始哭天喊地，大呼上当，而且投诉无门。究其原因，是一些销售员在推销产品的时候，把话说得太满，甚至为了圆一句谎言而说更多的谎言，但合同上的每一个条款，却是既真实又冰冷。而这种情况，别说是售后，能够善后就不错了。

所以，为了能够更好地开展售后服务，我们一定不要忘了自己的初心，那就是所有的销售行为，都是利他行为。总之，无论如何，我们都记住，作为销售员，只有不忘初心、砥砺前行，方得始终。

总结来说，销售的九大核心步骤，如图 4–1 所示。

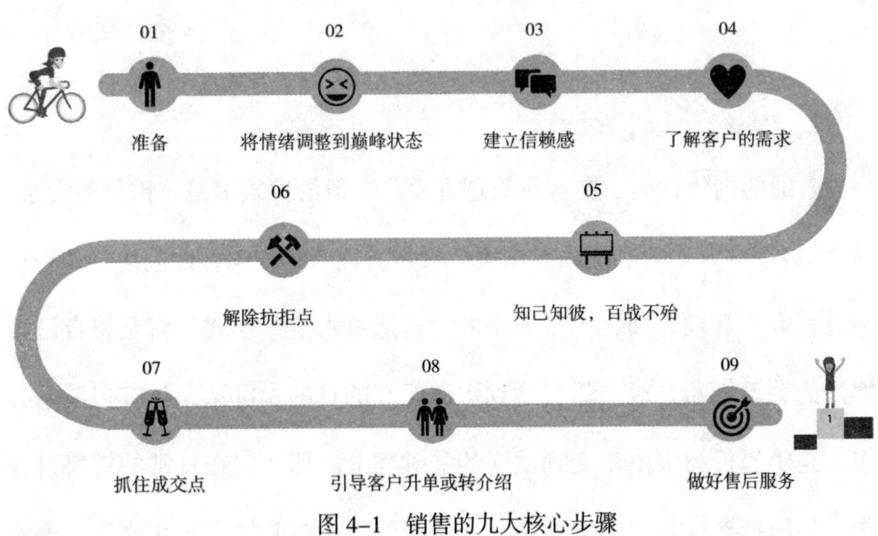


图 4–1 销售的九大核心步骤

## 五、客户管理——将关系升级

普通的销售行为，在客户管理方面，一般的模式都是“铁打的卖家，流水的客户”，主要靠流水量来维持日常的经营和开销；而高级的销售行为，在客户管理方面，则是典型的“打造蓄水池”模式，就是将自己与客户的关系不断升级，最后达到水涨船高的目的。可见，与客户关系升级，是销售行为中由量变到质变的关键环节。那么，在日常的销售过程中，如何把握好与客户的关系，并适时地将关系升级呢？在这里，笔者将对大家倾囊相授。

### 1. 把客户当朋友——成就事业

我们先来思考一个问题，传统销售中，客户购买我们的产品，首先需要考虑的是什么因素呢？

我们先来举一个例子。

一瓶农夫山泉矿泉水，如果放在超市里，卖多少钱你能接受？也就是 1.5 元，或者 2 元，是不是？如果超过这个价钱，你肯定就不会买了。但如果在旅游景点，即使卖到 3 元，甚至 5 元，你却能够接受这个价格。为什么呢？因为环境不同了。

那么，如果是放在五星级酒店或者酒吧里的话，卖到 10 元，或者 15 元，你也会觉得不贵，是不是？为什么呢？因为除了环境不一样，服务也不一样了。

人们的消费观，实际上是由性价比决定的，超市里的矿泉水和五星级酒店里的矿泉水，并没有任何差别，唯一的差别，只是它的附加价值，也就是服务。所以，很多时候，服务比产品更值钱。

另外，还有一种情况，虽然跟服务无关，却跟档次有关。笔者喝过最贵的矿泉水，还是在 2013 年，当时笔者在上海的某家五星级酒店参加一个培训，学费是 8.8 万元，房费是每天 3000 元。

有一天中午，笔者回房间休息时，觉得有点口渴，于是便顺手拿起一瓶矿泉水，正准备拧开瓶盖时，突然发现上面有标价，于是瞟了一眼价格，结果一看之下，不禁吓了一跳，只见上面的标价是 67 元。当时，笔者马上就把那瓶水放下了，心想：这不是抢劫吗？后来又转念一想，3000 元的房费我都付了，67 元一瓶的矿泉水好像也不算贵，于是又把那瓶水拿起来，果断拧开盖子，然后一饮而下，顿时觉得 67 元的矿泉水就是不一样，感觉有点甜。于是，我又想看一下商标，看看到底是哪个厂家的矿泉水卖得这么贵，结果一看之下，才发现瓶身上一个字也没有，最后还是在瓶盖上找到了一行英文。心想：原来是从外国进口的，难怪卖得这么贵。但仔细看了一下这些单词，也没看出是哪个品牌的水，只是觉得这几个单词很熟悉，于是试着拼读一下“nong~fu~shan~quan”，这下终于看明白了，原来是农夫山泉的拼音。直到现在我还清楚地记得那一刻的心情，真的是犹如万马奔腾……

笔者之所以说出自己的这段经历，实际上是想告诉大家，笔者虽然是一个销售老将，但当自己是一个消费者时，每个消费行为，真正要考虑的因素，仍然是这个产品是否合适，也就是产品的性价比。所以，只要你的产品在性价比上比较高，你就可以大胆地去给客户介绍。

当然，正如前面我们所说过的那样，销售绝不是降低身份去取悦客户，而是像朋友一样给予合理的建议，就像是：你刚好需要，我刚好专业！当然，要想让客户听从你的建议，首先要与客户成为朋友，因为朋友之间做生意，会少一些不必要的阻力。

不过，就像我们知道要与客户交朋友一样，我们的竞争对手同样也知道这个道理，而且有时还比我们率先一步，捷足先登。这种情况下，我们应该怎么办呢？先来看看笔者是怎么处理的吧。

记得有一次，我向客户推荐自己的产品时，客户也知道我的产品比他当时正在用的产品更具优势，性价比也更高，但就是不愿意换供应商。

后来，客户在听了笔者的一段肺腑之言后，终于说出了实情：“郭经理，你的产品确实很好，这一点我是很清楚的，但现在跟我合作的供应商，是我多年的老朋友，我要是换成你的产品，实在没法向兄弟交代啊！”

我一听，知道客户说的是实情，于是启用了自己已经掌握得纯熟的说服力和沟通技巧，对客户说：“王哥，您现在合作的供应商，我也听说过，他们的产品在业内也是不错的，但正如您所说，我这边的产品更有优势，性价比也更高。如果我在您的位置上，确实也是两难，而且您在圈内的口碑一直很好，对合作伙伴很有情义，外面一直在说，只要您有口吃的，就绝对不会少了兄弟们。”

还记得我们前面讲过的内容吗？从客户的决策意识来看，可以分为自我判定型和外界判定型。而笔者遇到的这个客户，从他在公司的地位来看，是典型的自我判定型，公司的决策由他说了算；但从他与合作伙伴的关系来看，又存在一种外界判定型，他很注重自己在外界的名声。那么，对于这样的客户，应该怎么沟通呢？当然是先赞美他，所以便有了笔者上面的这段开场白。

赞美完之后，笔者继续道：“王哥，我拜访您也不止一两次了，兄弟的产品您也都了解过了。兄弟我创业也不容易，也需要您的支持，要不这样，您先在我这里少订一批货，您先用一下试试。如果觉得好，就先少拿一部分；如果不好用，我立马拉走，绝对不给您添麻烦，您看行吗？”说这话的时候，笔者一直望着他的眼睛，而且面带微笑，微微向他点头。这个时候，笔者发现，客户也用点头来回应。

于是，笔者马上接着说："那我到财务处办理一下采购合同，您看就先定 20 万元的原材料，用好了再说，行吧。我真的要感谢王哥能给我一个为您服务的机会，这款产品您要是觉得更好用，您可要请我吃大餐呀，我听说咱们这里的某某烧烤店非常有名，到时候咱哥俩好好喝两杯。"

客户听我这么一说，也就半推半就地说："吃烧烤倒是小事情，关键是产品的质量一定要好。"

至此，客户实际上已经默认了合作的事实，所以单子也就顺利地拿下来了。

讲完了这个案例，我们再回过头来说一下，怎样才能成为客户的朋友。对于这一点，不同的人有不同的说法，有的人说要与客户同频，有的人说要给客户送礼，有的人说要和客户喝酒……这些做法，从表面上看，似乎没有问题，也会收到一些效果，但副作用更大。其实，要想与客户成为真正的朋友，真的很简单——你拿客户当朋友，客户自然也会把你当朋友。也就是说，你只要诚心诚意地对待客户，就会赢得客户的真心。然而，总有一些人喜欢耍小聪明，表面上跟客户称兄道弟，背地里却说人家的坏话，要么在交货时以次充好，要么没有兑现自己的承诺。而这样做的结果，只有一个，那就是搬起石头来砸自己的脚，不仅不能顺利成交合作，而且你将永远失去客户。

同时，需要记住的是，既然我们是拿客户当朋友，那就要真的站在平等互利的基础上，再大的客户，我们也不需要仰视；再小的客户，我们也不能俯视。虽然人与人之间，在年龄上有长幼之别，在职务上有高低之分，但在人格上并没有贵贱之分，因为每个生命都是平等的。

所以，当我们真心地与客户交往，对每个客户都以诚相待时，我们的生活与工作会变得更加精彩。所谓缘分，其实就是生命的一场盛大相遇。

**2. 把客户当亲人——成就霸业**

我们都知道，世间有三种最珍贵的情，分别是友情、亲情和爱情。在前面的内容中，笔者已经讲了把客户当成朋友的重要意义，只要你真心把客户当朋友，那么你收获的，将不只是业绩，还有更珍贵的友情。而这一点，很多销售员实际上已经做得很好，所以像笔者这样的销售老将，可以说基本上是朋友遍天下，走到哪里都会有人接待。但是，作为销售员，如果仅仅止步于此，或者满足于此，那就说明他的境界还没有真正得到提升，他的胸怀也还没有真正打开。

在《论语》中，曾经记载了这样一个故事，孔子的弟子司马牛因为是独生子，所以很羡慕其他同学都有兄弟姐妹。有一天，他在跟同学子夏聊天时，便提到了这件事：“你们这些同学，家里都有兄弟姐妹，唯独我没有，我真是太羡慕你们了，同时也为我自己没有兄弟而感到伤心。”子夏听了之后，便马上安慰道：“师兄呀，我们现在跟老师所学习的内容，都是君子之道。而作为君子，只要认真对待自己所做的事，保证不出太大的差错，对人对事，都恭敬有礼，这样自然就能四海之内皆兄弟了。因此，作为一个君子，又何愁没有兄弟呢？”

在笔者看来，子夏对司马牛所说的这段话，不仅是一种安慰，更是一种开导，因为从笔者的人生经验来看，确实如此，只要我们对人对事，都恭敬有礼，就真的可以达到四海之内皆兄弟的境界。而此时，我们收获的，除了业绩，还有无处不在的亲情，这种亲情将会持续地温暖着我们，使我们能够走得更远。

我们可以试想一下，如果我们和客户的关系像亲情一样时，那么客户在与我们成交时，基本上就不会再考虑是否合适的问题，而是会想办法看看要如何才能帮我们完成业绩。而这一点，笔者也是有亲身体会的，那种被温暖得热泪盈眶的场面，也注定让笔者永生难忘。

多年前，笔者任职于一家知名的培训公司，主管东北大区。有一次，公司总部收到一笔30万元的款，通常情况下，只要款一到账，就会有业务员主动认领，因为他们每天的付出，就是盼望着这激动人心的时刻！

然而，这笔30万元的款到账之后，却迟迟没有人认领，但对方在转账备注上又明明白白地写着“培训款”，所以也不可能是转错了账。

快到月底时，还是没有人认领，总部的财务人员便向分公司挨个询问。我当时知道这件事后，还在想，这不符合常理呀，如果是笔者收了30万元，怎么着也得赶紧炫耀一下的，玩神秘？那可不是我的风格。然而，直到当月的最后一天，要出财务报表了，还是没人认领这笔款。

其实，总部的财务人员在向分公司挨个询问时，已经把转账信息和客户信息公布了，客户是以个人的名义转账，对方姓腾，而且在月初就转过来了。最后，财务总监找到我，问：“郭总，是不是你的客户？”经财务总监一提醒，我才想起来，我的客户于总，他家嫂子确实姓腾。但我记得好像是“藤蔓”的“藤”，而不是“奔腾”的“腾”呀！再说了，于总要是转账，怎么可能不跟我打声招呼呢？难道是知道我最近压力比较大，想给我一个惊喜？

最后，笔者还是怀着不知是喜还是忧的心情，给于总打了一个电话，那次电话都聊了些什么，笔者已经不太记得了，但于总的那句话，我却一直清晰地记得：“敬宋啊，我这不是也想给你一个惊喜吗？”那一瞬间，笔者突然泪流满面……原来，销售的生活就是这样朴实无华，而且处处充满惊喜。

我当时有一个很好的习惯，就是每天都会给自己的所有客户发一条短信，分享一下管理的经验或者人生的感悟，同时还在最后附上我本月的业绩目标，完成的情况，以及未完成会有什么样的惩罚，等等。所以那个时候，只要在月底还敢接我电话的客户，都不需要我再说什么，客户就会主动说：“我看你这个月的目标还没有完成啊，我给你介绍了一个客户，已经谈好了，你直接去收钱就行，稍后我把对方的电话和名字发给你吧。”这些细节，笔者至今想起来，仍然是满满的感动！

那么，这些客户为什么会如此热心地帮助笔者，甚至还将其当成了一种“义务”呢？其实，原因很简单，因为他们已经把笔者当成了自己的亲人，而亲人之间的关系，就不再是互相帮助或者互利互惠这么简单了，而是真心地希望对方好。

那么，怎样做才能让客户把销售员当成自己的亲人呢？当然，付出真心是必不可少的。而真心的具体体现，就是关心客户的家人，从这一点我们就可以看出，亲人和朋友之间的一些差别了。一般情况下，朋友和朋友见面，基本上都是关心一下对方的事业，如最近工作怎么样，晋升了没有、工资涨了没有、换车了没有等。但亲人之间的见面，基本上聊的都是一些家里的事，如老二现在上几年级了？老大快参加高考了吧？老爷子的腰椎间盘突出保养得怎么样，最近没有复发吧？老太太还经常去庙里烧香拜佛吗？

你发现这里面的差别了吗？没错，朋友之间，对方关心的，只是你一个人；而亲人之间，对方关心的，是你的一大家子。

所以，如果真的想和客户成为亲人那样的关系，那你就要学会关心他的家人。当然了，这些也不是一蹴而就的，得有一个过程，毕竟你必须先得到客户的信任，他们才会把家人介绍给你认识。

总之，真心是不会被埋没的，只要你真心地拿客户当家人，客户自然也会拿你当家人，毕竟人心都是肉长的，所以都会被温暖，都会被感动，都会被感恩。

**3. 成为客户的老师——成就“王业”**

在前面的内容中，我们已经说过，当你和客户只是普通的合作关系时，那么在成交的时候，客户考虑得更多的是合适不合适，也就是性价比的问题。但是，当你和客户是朋友关系时，那么客户除了考虑产品的性价比，还会照顾到情义。如果感情比较深，就可以是你的忠实客户；如果感情比较浅，那就意思一下，象征性地买一点，算是给你一个面子，没有什么忠诚度可言。

如果将关系继续升级，与客户能够像亲人一样交往，走进彼此的生活，相互认识对方的家人，那么你的销售生涯就已经进入了一片全新的天地。从今以后，你不用再担心自己会失业了，因为你已经真正做到了“四海之内皆兄弟”——至此，你“霸业”已成，无数的客户会成为你的忠实粉丝，主动捍卫你的品牌，甚至会因为你的产品受到抹黑而拔刀相助，并且走到哪里都会不计回报地帮你宣传，就像履行一种义务一样。这个时候，如果你还想继续进取，那就可以尝试“问鼎中原”，进而成就“王业”。

所以，接下来笔者要跟你分享的，将是一种比亲人关系更具有杀伤力的关系——师生的关系。为什么师生的关系，比亲人的关系更具杀伤力呢？原因很简单，因为我们中国的传统文化，向来就是尊师重道，所以才会有“一日为师，终身为父”的说法。而对于老师的定位，唐宋八大家之首的韩愈，在其所著的《师说》一文中，开篇就直言：“古之学者必有师。师者，所以传道、授业、解惑也。”虽然只是短短的两句话，但为师者的高大形象却已经跃然纸上，那就是——传道、授业、解惑。由此，我们便不难明白，周文王为何如此敬重姜太公，刘邦为何如此敬重张良，刘备为何如此敬重诸葛亮了……因为姜太公、张良、诸葛亮这些人，他们是真正的师者，他们真正做到了传道、授业、解惑。

所以，当客户把你当成自己的老师时，他们对你便会百分之百地相信，而且言听计从，甚至会在关键的时刻向你“托孤”。当然了，要成为这样的角色绝非易事，这需要你有一个长期的自我修炼过程，在学问、道德等各方面都达到一定的境界之后，才能配得上这份敬重和爱戴，而且还有一个前提，那就是你之前所提供的服务，已经得到客户的高度认可，并赢得了客户的深度信赖。

那么，到底怎样做才能成为这样的老师呢？笔者经过对儒、释、道等中国传统文化的研究，并结合自身的经验，总结出了一个比较可靠的办法——布施，也就是给予、施舍、喜舍，这也是禅宗最基本的一项修行法门。

通常情况下，布施分为三类：财布施、无畏布施和法布施。

（1）财布施。财布施又分为两种：一种是外财布施，另一种是内财布施。外财是指有形的，看得见、摸得着的实物，如金钱、房子、车子等，将这些财物布施出去，就是外财布施；内财虽然看不见，也摸不着，却能够决定我们的生活品质，如体力、智慧、技术、技能等，如果我们能够通过自己的能力，力所能及地帮助更多的人，就叫“内财布施”。

（2）无畏布施。所谓的“无畏布施”，就是起到稳定军心的作用，如电视剧《天道》中的主角丁元英，就是典型的无畏布施。当然，真正的无畏布施，是通过你的示范和影响，能够让别人持戒而行，明明白白做人，堂堂正正做事，所谓“平日不做亏心事，夜半敲门心不惊”。所以，真正的无畏布施，实际上就是自律，知道什么事该做，什么事绝对不能做。

（3）法布施。在所有的布施中，以法布施为最上乘。因为其他的布施，往往是治标不治本，只有法布施才是最究竟、最圆满。比如，西方国家在救济难民方面，采取的办法是直接发钱，或者提供一个住处（建造难民所），然后就不再管了，但这样做的结果，往往导致难民越来越多，因为大家都知道当难民会有救济金，反正也饿不死，所以也就得过且过了；而中国采取的办法是扶贫，并且由政府部门亲自挂帅，深入边远地区，不但出钱出力，而且传授脱贫致富的方法，终于在2020年取得了脱贫攻坚决战的伟大胜利，使14亿中国人共同迈入全面小康。通过对比，我们便不难发现，西方国家在救济难民方面，采取的是财布施，而且还是外财布施，所以只能治标，却无法治本；而中国的扶贫，则是典型的法布施，所以能够抓住问题的根本，解决起来也最究竟、最圆满。

说到上面的这些，笔者其实只想表达一个意思，那就是当你的分享，能够使客户的心灵得到洗礼、思想得到升华时，你才能够成为他的老师，才能真正为他传道、授业、解惑。当然，这一切的前提，都源于你的发心，只要你的发心足够大，就一切皆有可能。

如果我们将法布施运用到企业管理中，最好的办法就是办行业商学院，也就是打造服务本行业的商学院，以教代管，除了给客户提供产品和服务，还有更多的工具和方法。打个比方，你是做美容产品的，那么针对的客户就是美容院，客户加盟了你的品牌，那你就不仅是给客户发货那么简单，还要有产品的培训、技能手法的培训、销售话术的培训，以及美容院门店的战略规划、活动策划、企业文化的梳理、股权机制的设计、日常店务管理等。

我们可以试想一下，当你能够给店家提供那么多的增值服务时，客户还会离开你吗？而后续的销售，不管你叠加什么项目，客户也会欣然接受。而所有的这些，都源于法布施的效用。

**4. 与客户成为合伙人——独孤求败**

笔者接下来要跟大家分享的这种客户关系，虽然不能超越师生关系，但是到目前为止，我觉得最有效和最牢靠的一种合作关系，因为这种关系就像是一条绳上的蚂蚱——合伙人。

其实，身在职场的我们，每天除了 8 个小时的睡眠之外，平时与我们相处时间最长的，并不是我们的家人，当然也不是客户，更不是朋友，而是我们的同事、股东以及合伙人。比如，我们三度集团的几个合伙人，不但在一起办公，甚至还同住一个小区，白天一起去上班，晚上一起回家，每天相处的时间都在 8 个小时以上，尤其是出差时，更是吃住都在一起。所以，笔者经常跟他们开玩笑：“我们这才是名副其实的朝夕相处呀！”

笔者一直自认为是一个比较重情重义的人，虽然暂时还不能说朋友遍天下，但至少跟我有过交集的人，我都会放在心里，如微信上面的 5000 个好友，我基本都认识，这些人中，有的是听过我讲课的新朋友，有的是我多年的老朋友、老客户、老同学，但又能怎样呢？还不是一年也见不了几个？毕竟大家都在不同的城市，即使在同一个城市，也是各忙各的，能够见面的时刻，实在是少之又少。就算交情再深，也只是逢年过节的时候，才会彼此问候一下。但是，如果这些老朋友、老客户、老同学，甚至是那些原来不认识的陌生人，一旦成为合伙人，那就完全不同了，因为大家的利益已经完全捆绑在一起，可谓“一荣俱荣，一损俱损”。所以，如果你的客户都成为你的合伙人，那么你所在的这个领域里，就很难再遇到对手了。

当然，合伙人的关系，也并不是牢不可破的，而且一旦撕破脸之后，可能连朋友都做不了的。那么，在与合伙人相处的时候，应该注意些什么呢？从笔者的经验来看，至少要注意如下三个基本原则。

（1）彼此尊重，和而不同。你有你的价值观和生活方式，我有我的观点和看法，所以除了工作上的事，尽量不要去过多地干扰对方。只是在事业上，大家抱团取暖，相互扶持，跨界不打劫，融合不整合。实际上，找合伙人是一件大事，因为这关系到你今后要和谁一起去经营共同的事业，所以一定要了解你的合伙人，因为只有了解别人，你才能理解别人，并能够真正地帮助到别人，从而真正地激发别人潜在的价值。打个比方，你得知道自己的合伙人最擅长的是什么，他的短板又是什么；他的兴趣爱好是什么，最不喜欢的又是什么。只有在了解了这些情况之后，才能在实际的合作过程中做到合理分工，扬长避短。同时，对于合伙人的期待，刚开始时一定要尽量降低，因为过高的期待，最终往往会落空。如果因此而对合伙人产生不满的情绪，那么对今后的合作，就容易产生一些负面的影响。

（2）制定规则，严格遵守。确定合作之后，一定要把所有的机制与规则写在书面上，大家都去遵守游戏规则，谁触碰红线，谁就得出局。当然，可以把“电网”（惩罚机制）设置一下，小的毛病就是“轻微电”，如可以罚点钱，用于团队建设，或者捐出去，为慈善事业助力；而对于原则问题，或者是根本性的大问题，那就不用讲，直接上“高压电”，一步到位，永不合作。当然，还可以做朋友，但对于这样的朋友，你要怎样相处，就要看你的格局和你的价值观了。比如，笔者就曾经被合伙人坑过，但我始终微笑着面对，甚至还会把对方视为自己修行的一种助缘。只是这种情况一旦发生，就不会再有事业上的合作了，毕竟道不同，不相为谋。

（3）共同学习，比翼齐飞。合伙的关系，其实跟婚姻的关系一样。

一段婚姻的失败，往往是因为一方在不断学习，不断进步，在事业上不断突破；而另一方则原地踏步，甚至还会倒退，去拖对方的后腿。所以，合伙的关系是否能够长久，取决于你们是否能够共同学习，共同进步，这样才能保持同频。

总之，在与客户成为合伙人，建立命运共同体之后，虽然关系会更牢靠，但如果掌控不好，导致关系破裂，那么对于双方的杀伤力也是很大的。笔者之所以把这层关系视为“独孤求败”，是因为要么永远不败，要么是致命之败，所以不可不慎。总结来说，客户管理中将销售关系升级的步骤和类型，如图 5–1 所示。

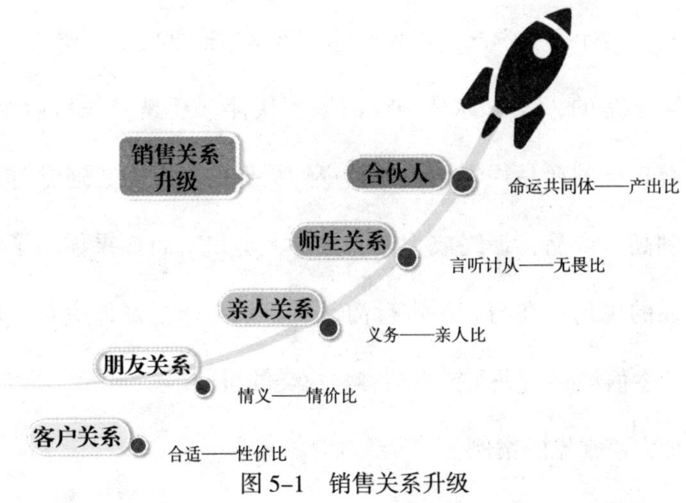


图 5–1 销售关系升级

## 六、产品规划——功夫在产品之外

看到这个标题的时候，有的朋友可能会有这样的疑惑："我就是一个干销售的，为什么要学产品规划？那应该是生产部门的事呀！"

其实不是的，无论你是一线的销售伙伴，还是二线售后服务人员，都要了解自己的产品规划，因为客户购买你的产品时，通常都会从初级产品买到高级产品，最终成为你的核心大客户。而如果你不了解自己售卖的产品的规划，在与客户进行沟通时，就不能很好地应对，不能让客户对你产生信赖感，进而错失与客户成交的机会。

举个大家常见的案例。

相信大部分人都知道麦当劳这个商家，那么麦当劳是用什么来吸引顾客的呢？到麦当劳消费的顾客最喜欢吃的又是什么呢？孩子一般都比较喜欢吃薯条、炸鸡腿之类的食品；大人喜欢的就比较实惠，一般都会选汉堡。那么，大家知道麦当劳的汉堡是怎么做的吗？笔者告诉你，那么大的一个巨无霸汉堡，是用最好的牛肉和最好的面粉做成的，而且分量有严格的规定。同时，每一家麦当劳的门店，基本上都开在各个城市的黄金路段。就是这样，一个汉堡才卖 20 元左右，你觉得贵吗？说实话，这个价格一点都不贵，甚至还赔钱。那么，麦当劳的哪些产品最赚钱呢？当然是可乐、咖啡、薯条之类的小食品了，一杯可乐或咖啡的成本不到 2 元钱，一份炸薯条的成本就更低了。

然而，对于麦当劳来说，食品销售额的利润，只是占了总利润的三分之一，另外三分之二的利润，则主要来自房地产。为什么呢？因为麦当劳有一套系统，主要用以识别在哪个地方开一家麦当劳最赚钱。之后，公司便以低价买下这个地段的房产，将其装修成一家麦当劳后，再卖给加盟商，这一买一卖，中间的差价就大了。

那么，加盟商为什么要加盟麦当劳呢？原因很简单，就是为了获得一整套经营模式和一套详细的操作流程。我们都知道，自从麦当劳提出了 QSCV 经营理念之后，全世界所有的麦当劳店面，装修风格都是一样，甚至连灯光、冲水马桶都是一个品牌。

在操作流程上，麦当劳的工作手册有 560 页那么厚，每一项都规定得十分详细，如炸牛肉饼要 4 分钟，鸡腿炸好之后要在过滤网上放置 4~7 秒的时间，因为放置不到 4 秒吃起来会很油腻，而超过 7 秒吃起来又会很干。

所以，麦当劳实际上是把硬件和软件都打包在一起卖给加盟商，然后收取800万~1000万元的加盟费。

可以说，麦当劳在盈利模式的设计方面，其高明之处就在于通过一套完整的商业设计，大量吸纳市场的资金，然后通过地产以及商业价值的创造，赚取几十倍的超额利润。

但是，你以为这些就是麦当劳的全部了吗？并非如此。接下来我们再看一下麦当劳还投资了哪些产业吧。

首先，是种植行业。用麦当劳的技术种出来的土豆，个头很大，产量很高，而且很适合做炸薯条。同时，每一家跟麦当劳合作的农场、养殖场都可以得到麦当劳信息化和电子化的支持，拥有一套与麦当劳相匹配的供应链系统。可以说，麦当劳在物流、仓储、种植、养殖等方面，已经打造出了一条产业价值链。

其次，是培训行业。麦当劳拥有相当完善的培训体系，尤其是七所汉堡大学，更是为世界各地的麦当劳人提供了全面的培训和发展机遇。从1961年以来，已经有超过8万名餐厅总经理、中层经理和被特许人从这里毕业。同时，每年大约还有来自121个国家，超过8000名学生，通过28种语言接受麦当劳汉堡大学的课程培训。

从麦当劳的这个经营案例中，我们不难发现，产品规划不但是企业经营的核心，同时也是销售过程中最关键的一个环节。那么，在实际的销售过程中，我们应该怎样对产品进行设置呢？

**1. 研发拓客产品**

什么是拓客产品呢？顾名思义，就是能够拓展客源、增加客户数量的产品。拓客产品一般有四个特征：一是受众面比较广，需求量相当大；二是见效快，客户一用就有效果；三是价格亲民，谁都可以买得起；四是使用高频，或者至少比竞争对手高频。

综合这四个特征来看，拓客产品虽然是企业的主打品牌，但这款产品基本上是不赚钱的，或者只是微利，就像麦当劳和肯德基的汉堡一样，主要是为了拓展客源，带动流量。

**2. 设计升级产品**

当企业通过拓客产品成功地把客户吸引过来之后，接下来就可以销售升级产品了，而这些升级产品，也是利润丰厚的产品，就相当于麦当劳和肯德基的可乐、咖啡、薯条等。也就是说，前期因为打造拓客产品而亏掉的钱，都会通过这些升级产品赚回来，并开始盈利，这也符合基本的商业逻辑。

那么，升级产品主要有哪些特征呢？

（1）要有特色。也就是说要有独特的价值主张，使之成为尖刀产品，最好能做到与同类产品有一个差异化，或者说相对的差异化，在相同中要有所不同，哪怕只是理念上的不同，或者是包装、卖点和服务上的不同。关于这方面的内容，笔者可以给大家推荐一本书，书名叫《品牌革命》。这本书的作者是逆向思维品牌战略咨询创始人刘润泽老师。

（2）返单快。也就是客户一旦购买，就会形成自然的惯性，长期复购。还记得前面我们讲过的业绩的构成吗？只要提高一倍的复购率，就会增加一倍的业绩。所以，升级产品最明显的特征，就是客户买了还想再买，不用再做过多的销售动作。比如，现在的孩子，一到了麦当劳或肯德基，炸薯条和炸鸡块是一定要点的，根本不需要服务员的推荐。

（3）利润大。这一类产品最好要实现高毛利。为什么呢？因为前期打造的拓客产品，基本上是不赚钱的，甚至是亏钱的，如果升级产品再不赚钱的话，那企业就没有办法生存下去了。毕竟，只有企业能够持续盈利，才能实现更多的社会价值。

**3. 开发循环产品**

一般情况下，一个企业如果能够把拓客产品和升级产品设计好，并用心经营，这样基本上就可以稳健地向前发展了。但是，要想获得突飞猛进的发展，还得设置出更给力的产品才行，比如笔者接下来要给大家介绍的循环产品。那么，循环产品都有哪些特征呢？主要有三点。

（1）赶时髦。也就是说，这个产品一定要配合当下的热点，再说得明白一点，就是市场上需要什么就生产什么。打个比方，在 2020 年上半年的时候，市场上最紧缺的是口罩，那些商业嗅觉灵敏的商家，马上就生产口罩，即使没有参与生产，也要参与销售。或许有的朋友看到这里，马上就说：“这笔者也太不靠谱了，很多培训专家都是告诉我们要聚焦、聚焦再聚焦，怎么到了你这里，却成了什么赚钱就卖什么？”其实，笔者并没有不让你聚焦，笔者的意思是当你已经把拓客产品和升级产品设置得很好，而且已经开始盈利的时候，如果想让企业发展得更快速一点，就可以考虑开发循环产品了。比如，比亚迪在 2020 年的时候，也抽出了人力、物力和财力来生产口罩，但不妨碍其在电动汽车领域的发展，尤其是 2021 年比亚迪的汽车销量排名第一，就已经说明了一切。

再打个比方，如果外地人到北京旅游或者出差，要吃烤鸭的话，会去哪家店呢？肯定是全聚德，是不是？但实际上，烤鸭只是全聚德的招牌产品，也就是说，烤鸭不但是全聚德的拓客产品，也是升级产品。除此之外，全聚德还有很多菜品，而且经常会更新。而这些菜品，就是全聚德的循环产品。在肯德基的菜品中，除了大家耳熟能详的可乐、汉堡、炸鸡块、炸薯条等，还有老北京鸡肉卷、豆浆、油条、盒饭等，而后面这些中国化的菜品，实际上是肯德基为了配合中国人的口味以及白领阶层的需求而开发出来的菜品，也就是所谓“赶时髦”。

（2）人力少。也就是说不用投入太多的人力进行研发，毕竟对于大部分的民营企业来说，人力是有限的，而且主要精力是必须放在对拓客产品和升级产品的研发上。那么，对于循环产品的开发，如何分配人力呢？其实很好办，巧用“拿来主义”就可以了。那怎么拿来呢？也很简单，直接找一个合作伙伴，然后把对方的尖刀产品直接变成你的循环产品就可以了！俗话说：“只有想不到的，没有做不到的。”把这句话用在对循环产品的设置上，实在是太合适不过了。

（3）可顺带。我们这里所说的可以顺带的产品，指的是在实体店里摆放的产品。客户在你这里消费之后，可以顺带着把这些产品也带回家。

比如，前几天我在一家云南的餐厅吃饭，我的合伙人在扫描二维码点餐的时候，就顺手买了一箱橙子，然后快递到我的家里，我收到后马上打开品尝，感觉味道很不错，于是我又下了一单。你看，有可能我再也不会去那家餐厅吃饭了，但我的消费却是持续的，这就是循环产品的魅力。当然，循环产品也分为内循环和外循环。所谓的内循环，就是在自己的企业内部周转；而外循环则是通过互联网或者整合资源的形式，通过第三方来进行销售。

**4. 打造高端产品**

所谓高端产品，实际上就是镇店之宝。当然了，这类产品的销售对象并不是普通的客户，而是针对特殊的客户而打造的。比如，一些比较大的饭店，一般都有一道或者是几道特殊的大菜，客户如果有需要，必须提前预约，才能为其制作，如澳洲龙虾、烤乳猪等。

在商业活动中，有一个“二八定律”。也就是说，我们 80% 的业绩来自 20% 的大客户，80% 的绩效来自 20% 的核心员工，80% 的营业额来自 20% 的核心产品。所以，在设计产品规划时，一定要有大项目，也就是高端产品。那么，高端产品应该具备哪些属性呢？

（1）强调价值和品质。相对于同类品牌来说，高端产品必须具有较高的价值和品质，这样才能把价格往高了定，因为高端产品的销售对象很明确，就是不缺钱的大客户。而我们与这些大客户做生意时，所成交的不在于商品的物质形态，而是商品所体现的意义、价值和地位。

（2）消耗快。也就是一次性就消费完毕，而不是办了一张年卡，要服务一年。比如，美容院里的一些产品，就可以针对高消费人群设计成医美项目，或者是大健康项目。

（3）借外力。也就是说我们只是提供客户资源，然后通过第三方来提供具体的服务，最后采取利润分成的办法。这就是典型的借力使力。当然，你也可以专注于为别人提供高端的大项目服务。

**5. 推出留客产品**

留客产品，也叫黏客产品，顾名思义，就是通过这款产品，将客户永远留下来，成为我们的终身用户。做过销售的朋友都知道，开发一个新客户的成本是相当大的，如果只合作一次，那就太不划算了，所以一定要想办法，通过某一款产品，至少能绑定客户 10~20 年，最少也要绑定 5 年。这样，我们的销售才算是成功的。

那么，留客产品应该怎样设计呢？

（1）价格低，甚至是免费的。比如，QQ 和微信就是腾讯公司设计出来的留客产品，不但超级好用，而且不要你一分钱。

（2）时间久，最好能用一辈子。

（3）黏性大，最好每天都用，或者至少一个星期、一个月用一次，千万别做成一年只用一次的那种。

打个比方，如果你开一家少儿舞蹈培训班，那么你应该如何设计出一款留客产品呢？你可以在为每一个学员办卡的时候，送他一张 VIP 尊享卡。客户通过这张卡，可以每个月免费为宝宝做一次小的维生素检测，也就是检测孩子的各种微量元素是否缺失。当然，也可以提供一些更贴心的服务。所使用的服务设备，最好是只要一次性投入就可以使用多年的那种，综合成本几乎为零。这样一来，即使孩子已经不在你这里学习舞蹈了，但他每个月（或者不定期）还能来你家一次。既然来了，就是对你的肯定，就有可能继续购买你的新产品，或者给你做转介绍，这些都是极有可能的。

好了，最后我再把整个产品规划的内容总结一下：

（1）拓客产品，属性是需求大、见效快、价格低；

（2）升级产品，属性是有特色、返单快、利润大；

（3）循环产品，属性是赶时髦、人力少、可顺带；

（4）高端产品，属性是业绩大、消耗快、借外力；

（5）留客产品，属性是价格低、时间久、黏性大。

总之，产品规划是一门技巧很多、功夫很深的功课，值得好好学习和研究，如图 6-1 所示。

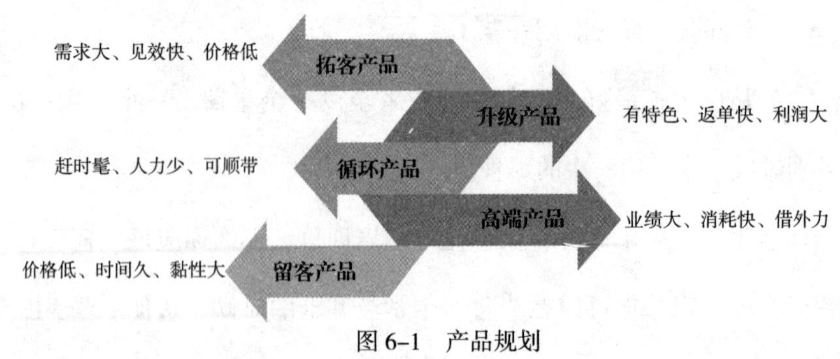


图 6-1　产品规划

## 七、辅助工具——四两拨千斤

在我们日常工作中，如果能够灵活有效地借助一些辅助工具，就可以起到事半功倍或者四两拨千斤的作用，从而使我们的工作变得更加轻松，效率变得更高，业绩提升得更快。下面，笔者就结合自己的实际经验，给大家介绍三种行之有效的辅助工具。

### 1. 鱼骨图——解决各种疑难杂症

鱼骨图是日本管理学大师石川馨先生发明的一个有效工具，它是发现问题根本原因的方法，所以又名“因果图”。其特点是简洁实用，既深入又直观，有助于说明各种原因是如何影响后果的。

在现实生活中，我们经常会发现这种现象。比如，懂得越多减肥方法的人，却越来越胖；懂得越多省钱方法的人，却越来越穷；懂得越多生发养发方法的人，却越来越秃。为什么会这样呢？我们可以通过鱼骨图来分析一下这些问题。

我们以肥胖问题为例，先来看看肥胖是什么原因导致的，通过鱼骨图来分析，主要有如下几点。

（1）不注意饮食规律。比如，食量大、食用热量过高或者过于油腻的食物。

（2）缺乏运动。我们都知道生命在于运动，而大部分的肥胖人群，基本上都不喜欢运动。

（3）作息没有规律。科学告诉我们，有一个好的作息习惯，能够让人的身体变得更加健康。而大部分的肥胖人群，都有这样一个特点，晚上不想睡，早上不想起。

（4）体质问题。很多人有体湿或体寒的毛病，所以容易导致肥胖，如图 7–1 所示。

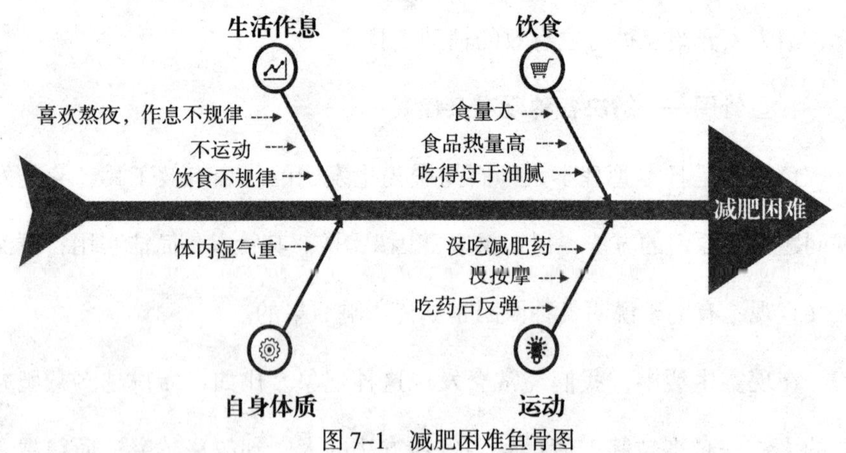


图 7–1 减肥困难鱼骨图

通过上面的图解，我们不难看出，问题本身实际上就是答案，因此我们就可以通过鱼骨图来找到相应的解决方案。

（1）调整作息时间：每天早上 7 点之前起床，晚上 10 点之前休息。

（2）调整饮食习惯：尽量管住嘴，不暴饮暴食，口味尽量清淡，而且每顿吃到七分饱就可以。

（3）坚持运动：每天至少运动三次，运动项目可以是跑步、游泳、爬山等，而且一定要坚持。

（4）专业治疗：如果是体湿或者体寒导致的肥胖，就要通过专业的治疗去解决，如拔罐、艾灸、针灸等。

通过上述所举的例子，大家已经了解到鱼骨图的作用和使用方法。接下来我们来看一下鱼骨图的分类。一般情况下，我们可以把鱼骨图分为三类。

（1）整理问题型鱼骨图。

（2）原因型鱼骨图（鱼头向右），代表问题产生的原因。

（3）对策型鱼骨图（鱼头向左），代表解决问题的方法，如图 7–2 所示。

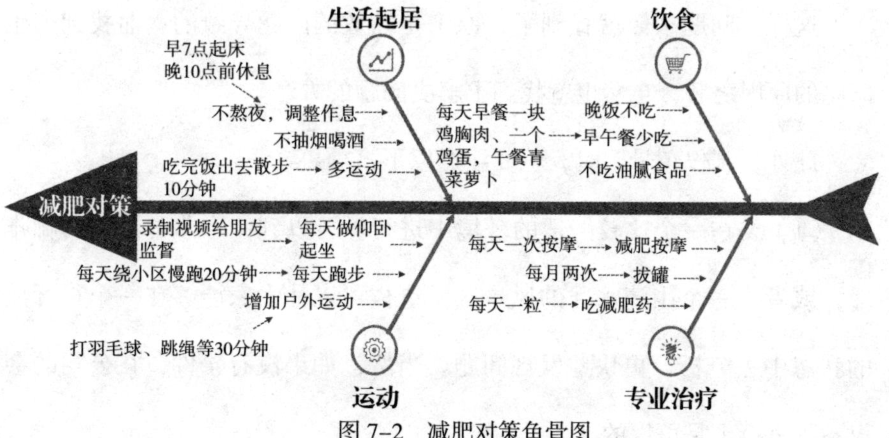


图 7–2　减肥对策鱼骨图

鱼骨图要怎么制作呢？制作鱼骨图，可以分为四个步骤。

（1）明确要解决的问题。在制作鱼骨图前，首先要明确我们要解决的问题，把问题分析得越细越好。

（2）召集同事共同讨论。找到所有的核心人员或者相关部门的工作人员，一起来发现问题，并讨论这些问题产生的原因。

（3）根据不同的问题征求大家的意见。这个时候大家一定要敞开心扉，这样才能够集思广益，寻找解决问题的方法。

（4）针对问题寻找答案。一定要多问为什么，至少要问五次以上。比如，发现车间的地上有一摊油时，那就问为什么会有这一摊油，是从哪里来的？原来是机器漏油。那么机器为什么会漏油呢？原来是防护垫质量不好。那么车间里为什么会有防护垫质量不好的机器呢？原来是采购人员买了伪劣产品。那么采购人员为什么会买了伪劣产品呢？原来是采购人员的绩效，是按照价格的高低来考核的。

这样，问题根源就找到了，原来是绩效的问题导致的。而找到产生问题的原因之后，自然也就找到了解决问题的方法。

此外，制作鱼骨图时，也要注意以下事项。

（1）要在一个比较舒适的环境中进行。可以到一个非常温馨的咖啡厅，或者去一个山清水秀的风景区，这样可以让大家能够在一个很开放的状态中去分析，更快地发现问题。当然，如果没有条件，在公司的会议室里进行也是可以的。

（2）不打击、不评判。作为主持人或者领导者，在大家分享自己意见的时候，不管你觉得这个意见是多么的不靠谱，也尽量不要急于否定，更不要打击对方，可以先尝试着站在对方的角度上去看问题，尽量多用鼓励性的语言去肯定这个意见中积极的一面，然后再针对问题进行具体的分析。

（3）总结出最佳的方案。通过大家集思广益之后，领导者就要进行决策，找出一个最佳的方案，然后去执行。

（4）制订执行计划。确定执行方案之后，就要制订执行计划，这个时候一定要有一个明确的执行标准，如要有时间节点、有检查、有评估、赏罚机制等。明确这个执行标准，主要是为了解决会而不议、议而不决、决而不行、行而不查、查而无果等陋习。

（5）明确责任人。有了最佳的解决方案和执行计划之后，还有最关键的一步，那就是责任人。俗话说："天下兴亡，匹夫有责。"虽然一个团队好坏，跟团队的每个成员都有关系，但在一个团队中，如果是群龙无首的情况，那就如同一盘散沙，没有凝聚力，更谈不上竞争力了。所以，一个团队，必须有一个灵魂人物，这个灵魂人物就是团队的负责人。我们执行计划也一样，一定要有一个明确的负责人，让他全权负责，这样才能确保整个计划完美地执行。

最后，笔者再给大家举一个真实的案例。有一家公司，因为产品所占的市场份额非常小，于是老板召集所有的相关人员一起来探讨这个问题。大家经过探讨之后，发现了这些问题。

（1）营销团队的问题，主要有三个：一是销售人数太少；二是没有相应的培训；三是对销售人员的奖励不够。

（2）渠道的问题，就是销售网点不够多，而且渠道商不够专业。

（3）广告宣传跟不上，就是没有品牌打造和宣传的意识，所以宣传力度不够大，在广告上几乎没有任何经费投入。

（4）竞争对手太多，就是市场上同类的产品比较多，而且很多竞争对手的产品性价比更高。

根据问题本身就是答案这个原则，笔者给这家公司找到了一个完美的解决方案。

（1）加大营销团队的建设。笔者建议至少要增加两个销售团队。当然，至于如何去增加销售团队，就要制定一系列的具体流程了。

（2）建造营销渠道。根据公司的实际情况，笔者建议每个月举办一场招商会。

（3）提高产品的质量。要参与市场竞争，最核心的问题就是产品的质量，其次才是营销的手段。所以，在产品的研发上，必须舍得投入。

（4）加大广告宣传力度。虽说“酒香不怕巷子深”，但如果没有前期的投入，这“酒香”是很难散发出去的。即使是咱们的“国酒”茅台，在早期的时候，在广告宣传上也投入了很大精力，才能有现在的风光。而且，在这个竞争激烈的信息化时代，如果还没有自我宣传的意识，那就已经落后一步了。落后就要挨打，是市场永恒的规律。

总之，通过鱼骨图，我们能够很容易发现问题，并根据问题找出最佳的解决方案。当然，能否使用好这个鱼骨图，就看我们是否有强烈的解决问题的意愿了，如图 7–3 所示。

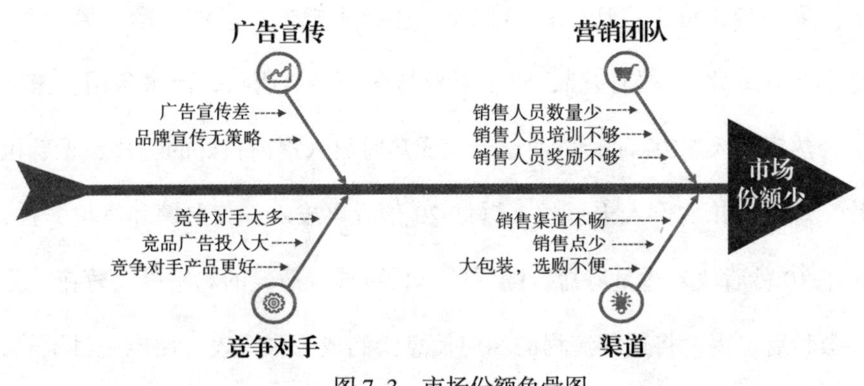


图 7–3 市场份额鱼骨图

**2. 流程图——高效的团队管理**

流程图是一个可以让员工快速提升工作能力的辅助工具，管理者一旦能够熟练使用，就可以让管理工作变得更加简单，而且更有效。

流程图其实是一个系统，包含了信息流、观点流、部件流。在企业管理中，流程图主要用来说明某项工作的一个过程，这种过程既可以是生产线的工艺过程，也可以是完成一项任务必须的管理过程。通过流程图，管理者可以清楚地知道问题出现在什么地方，从而采取相应的解决方案。

那么，这个流程图跟我们的销售有关系吗？当然有了，而且关系还相当密切。在前面我们讲到的提高 8 倍业绩的方法中，其中有一项就提到了提高复购率。而我们在这一节中所讲到的鱼骨图、流程图和时间圆饼图，实际上都是如何提高复购率和服务质量的方法。当然了，这三个工具更适合管理者或者未来想要做管理者的人来学习。

下面，我们就用现实生活中每个人都会接触的事情来举例，如我们要做个炝炒土豆丝，其流程大致如下。

第一步，将土豆切丝；第二步，用清水把土豆丝洗干净；第三步，把水烧开，放入一勺白醋，将土豆丝焯水至半透明状，沥水备用；第四步，热锅倒入 30 克油，待油温至六成热时放入提前备好的蒜片、干辣椒片，炒出香味后倒入土豆丝，爆炒 20 秒后再放入一勺白糖和适量酱油，再炒 10 秒后放入适量海盐，随后关火，再放入适量的鸡精以及葱花，翻炒数秒后出锅。将这些流程的相应信息绘制成一张图表，便能一目了然，如表 7–1 所示。

表 7–1　炝炒土豆丝流程

| 时长 | 动作 | 标准 |
|---|---|---|
| 60秒 | 土豆切丝 |  |
| 60秒 | 清水洗净 | 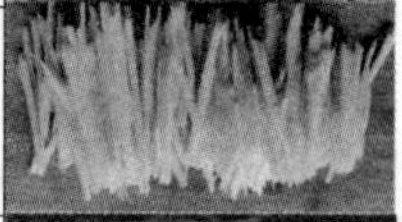 |
| 20秒 | 开水下锅放入一勺白醋，将土豆丝焯至半透明状，沥水备用 | 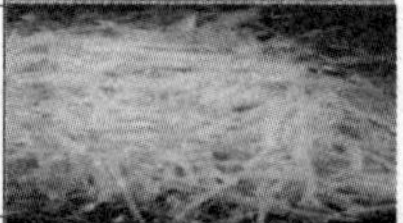 |
| 20秒 | 热锅下入30克油，油温至六成热放入提前备好的蒜片、干辣椒片，炒出香味 | |
| 60秒 | 下入土豆丝大火爆炒20秒，放一勺白糖放适量酱油，翻炒10秒，关火 |  |
| 10秒 | 再放入适量盐，适量鸡精，撒上葱花，上菜 | 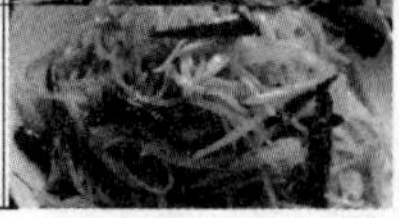 |

实际上，通过炒菜这个流程图，我们就会发现，几乎所有的工作，都可以用流程图进行描述和管理，使你的每项都达到标准化。需要记住的是，流程图要有三个核心要素：一是中间，指的是核心的动作；二是左边，指的是时长；三是右边，指的是标准，也叫标杆，也就是找出这个行业里的标杆企业，然后向标杆学习，或者在自己的企业内部，找出某项工作做得最好的人，以他的标准，来制定公司的标准，其他人则是“一抄、二改、三研、四发、五超越”。

那么，如何在销售工作中使用这个流程图呢？我们以一家开发财务软件的公司举例。这家公司的展业模式是通过员工打电话寻找客户，然后约见客户，了解客户的需求，最后是提案、签约、交付。这是销售工作中的几个核心流程。但是，领导很快就发现，在同一时间招聘进来的员工，虽然都很努力，对客户的态度也很好，但他们的业绩千差万别，有的人业绩很好，有的人就是不出业绩。这是怎么回事呢？

其实，通过流程图，我们就可以很好地解决这个问题。

打电话开发客户，这个时候你就要用数据来支撑你的管理，通过对员工打电话的数据分析，我们就不难发现，那些经常能够约客户见面的员工，他们所采用的方法。这个时候，我们就要复制他的这个方法，如他是怎样给客户打电话的？第一句话说了什么？第二句又说了什么？最后是怎么邀约客户的？等等。然后，把他的电话话术整理出来，同时把那些常见的问题也罗列出来，专门制作一个“百问有百答”

的手册。以后其他员工如果遇到同样的问题，一翻手册就知道如何应对了。

约见客户之后，如何给客户交提案、签约等这些流程，同样还是用数据分析，谁的成交率最高，就以谁的工作流程为标准，然后把他的工作流程图也详细地列出来，供大家学习，持续地改进。我们一般管这种手册叫傻瓜手册，并以发明人的名字来命名，如 ××× 洗车流程，××× 电话销售手册，××× 美容院接待流程，等等，直到有一天，当其他人总结出更好的方法时，再把手册的内容更新，而更新后的手册，名字也换成新的名字。这样一来，既提高了工作效率，也激发了员工的积极性。当然，最终也提高了业绩，可谓一举多得。

总之，通过流程图的制作和运用，你一定能够制定出属于自己的标准，并能够对标准进行管理，从而让管理、销售和服务变得更加简单、更有效率。

**3. 圆饼图——高效的时间管理**

一个优秀的销售人员，最明显的标志，就是用对时间和做对事情。关于做对事情，在前面的内容中，我们已经反复讲过了，所以我们接下来要花一点时间来聊一下，怎样才算是用对时间，如何才能用对时间。

我们先来看一下图解——圆饼图。顾名思义，就是用一个圆饼图来合理安排你一天的工作。因为每天的时间是 24 小时，所以我们就用 1~24 这些数字来排序，如图 7–4 所示。

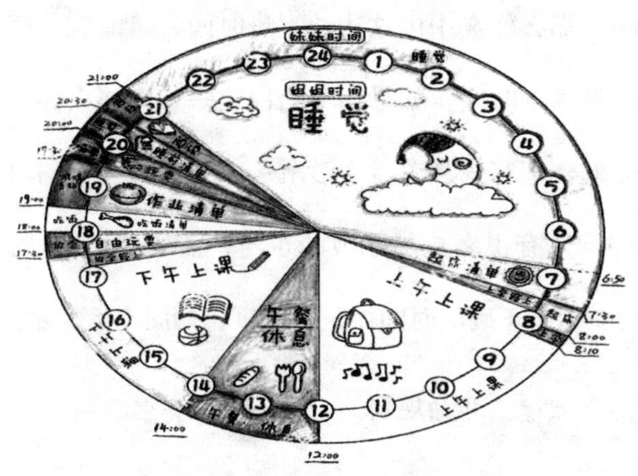

图 7–4　一天时间图

我们都知道，时间对每个人都是平等的，每个人的一天都是 24 小时，但每个人取得的成就却不一样，其中最主要的原因，就是有的人能够对时间进行高效的管理，而有的人则没有时间观念。也就是说，能够对时间进行高效管理的人，肯定都是成功人士；而没有时间观念的人，一般来说，取得的成就都不大。

那么，怎样做才是对时间进行高效管理呢？古人云：“凡事预则立，不预则废。”意思是说，不论做什么事，都要事先有所准备，有所规划，这样才能取得成功，不然就会失败。可见，提前规划，实际上就是高效的时间管理，也是能够事半功倍的秘诀。

很多人在工作当中，经常会遇到这样那样的问题。之所以这样，是因为他们不知道在什么时间段，该做什么样的事情。而一旦把时间弄错了，那么原本是正确的事，也就变成错误的事了。打个比方，如果你的客户在美国，那么你在跟客户沟通的时候，就得顾及纽约时间，如果你只看北京时间，那么你在中国这边的上班时间，可能就是美国那边的休息时间，甚至是睡觉时间。如果你不明白这一点，那么你一个越洋电话打过去，可能就会把客户从美梦中吵醒……当然，真正的时间管理，可不仅仅是这些，还有很多更加细节的东西，需要我们去掌控、去把握，这样才能真正做到在正确的时间做正确的事，如图 7–5 所示。

图 7–5　在正确的时间做正确的事

下面，笔者就给大家具体介绍一下高效管理时间的九大法则。

（1）生命规划。我们要先明确自己的终极目标是什么，或者弄清楚我们生命的意义到底在哪里。当我们弄明白了这些之后，自然就会格外珍惜眼前的大好时光，并自觉地对时间进行管理。比如，我们可以多问问自己：我这辈子最大的目标是什么？我今年的目标是什么？我这个月的目标是什么？我这周的目标是什么？我今天的目标是什么？当我们把这些目标都弄清楚之后，我们就会发现，自己所浪费掉的时间，都是在白白地消耗生命。

（2）要事第一。每天晚上睡觉前，先问自己：“我明天有哪些重要的事情需要处理？”找出那件最重要的事，然后标上 A1；如果还有第二件重要的事情，那就标上 A2。当然，刚开始时，你可能会发现，自己列出来的重要事情，竟然有七八件之多，这实际上是因为你没有做到聚焦。那么，怎样才能达到聚焦呢？那就是每天重要的事情，最多不要超过三件，笔者把这个叫作“A 不过三”。而其他的事，则全部归为 B 类，这些事情虽然也需要做，但尽量不要占用太多的时间。

（3）每日管理。也就是要养成每天都要进行时间管理的习惯，如每天核心的工作项目是什么，以及完成的程度。

（4）任务清单。将当天要做的工作，列出一个清单，把每件事情都罗列出来，然后再遵循“要事第一”的法则，做好排序，如 A1、A2、A3、B1、B2、C1、C2 等进行排序，并明确处理的时间节点。

（5）检查追踪。作为一个优秀的销售人员，一定要学会自我检查、自我管理。那么怎么检查呢？就是在每天下班之前，要对自己当天的工作清单进行追踪检查。列出哪些事情已经完成，哪些事情还没有完成，并找出没有完成的原因。

（6）日清日新。这个法则是海尔电器在多年前提出来的，也就是每天的事情必须当天完成，如果不完成，我们就不能下班。只要我们每天比别人进步一点，每天比别人快一步，那么一年下来，我们就会超出别人一大截了。

（7）杜绝拖延。很多人都有拖延的习惯，这一点包括笔者本人也很难例外，如每到周末的时候，一不小心就睡到中午12点，这样就养成了周末起床困难的习惯。后来我把周末当成学习的时间，才逐渐改过来。现在，我已经养成每天晚上11点之前必须睡觉，早上6点之前必须起床的习惯了。我还有一个很好的经验，就是只要能够做到每天早上闹钟一响就起床，你就能够做到杜绝拖延。因为连这个难以战胜的睡魔你都能够战胜，那就没什么事情是你克服不了的。

（8）干净整洁。如果一个人的办公桌上，堆放的办公物品超过20件的话，那么他每天用来找合同或其他工具的时间，就可能要超过2个小时。这样算下来，他每周就会浪费掉10个小时的时间，每月要浪费掉40个小时的时间，每年要浪费掉480个小时的时间……这是多么巨大的浪费。所以，你的办公桌，包括电脑桌面、文件包等，一定要做到干净整洁，这样才能最大限度地提高你的工作效率，避免把时间白白浪费掉。

（9）学会授权。很多的管理者，喜欢什么事情都要亲力亲为，这样做虽然有好处，那就是放心，但弊端很明显，那就是效率低下，而且很难提高下属的积极性。所以，作为管理者，一定要学会授权，这样不但你自己的压力会减轻很多，而且可以让那些有责任、有担当、有能力的人得到快速的成长。当然了，授权不等于弃权，并不是把事情交给下属之后就什么也不用管了，而是要做好后续的跟踪、检查和评估，并且要做到有奖有罚，这样才能确保效率的真正提高。

最后，笔者再跟大家分享一下美国著名作家奥格·曼狄诺（Auger Mandinuo）的一小段文字，以期与朋友们共勉：

假如今天是我生命中的最后一天。

我憎恨那些浪费时间的行为。

我要摧毁拖延的习性。

我要以真诚埋葬怀疑，用信心驱赶恐惧。

我不听闲话、不游手好闲，不与不务正业的人来往。

我终于醒悟到，若是懒惰，无异于从我所爱之人手中窃取食物和衣裳。

我不是贼，我有爱心，今天是我最后的机会，我要证明我的爱心和伟大。

假如今天是我生命中的最后一天。

如果不是的话，我要跪倒在上苍面前，深深致谢。

总之，时间管理的终极目标就是高效生活，实现均衡的人生，如图7-6所示。

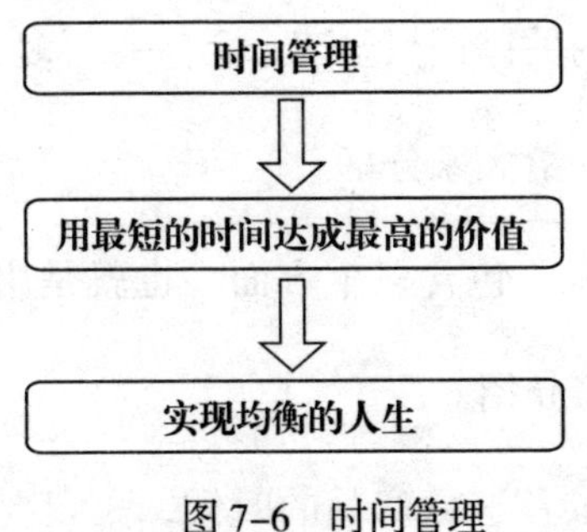


图7-6 时间管理

## 八、万能公式——放之四海而皆准的话术

在这里，笔者将要跟大家分享一套非常简单的万能公式，也就是大家一学就会，而且放之四海而皆准的话术。

在我们日常的销售过程当中，经常会有新的产品或者项目推荐给客户，这也让很多销售人员非常苦恼。为什么呢？因为大家毕竟精力有限，很难做到在较短的时间内就掌握新产品的核心卖点，或者把一个新项目弄清楚，然后再讲给客户听。针对这些问题，笔者总结出了一套万能的销售话术，这套话术的关键词只要四个字——“多、快、好、省”。

下面，笔者就逐一给大家分享。

（1）多。这个“多”包含三个方面，也就是用户多、功能多、推荐多，下面我们就逐一来介绍。

①用户多。你在推荐这款产品的时候，一定要强调这款产品已经有大量的客户在使用，而且效果很好。我们之所以要跟客户强调这一点，

是因为所有的客户都不希望自己被别人拿来当“实验品”，尤其是跟健康和教育相关的产品，就更是如此。

②功能多。你可以介绍这款产品的功能有多么先进，多么强大，而且功能齐全。

③推荐多。很多用户使用了之后，都会推荐给自己的亲人和朋友，如果使用标准的话术，就是这样：“张总，您放心吧！我们这款新产品，不但我们在推荐，很多客户也推荐给他们身边的人。因为这款产品集合了目前市面上所有最流行的一些产品的功能，我们的很多客户在使用了之后，都大呼相见恨晚，所以很快就推荐给自己身边的人了。您想呀，如果效果不好的话，他们还敢推荐给自己身边的人吗？张总，我相信您用了之后，也一定会推荐给自己的家人的。”

大家发现了吗？其实通过这个话术，我们就很容易把这款产品给说活了，而且客户也一听就懂。所以下次你在给客户介绍产品的时候，如果卡壳了，只要马上启用笔者介绍给你的这个“三多”（用户多、功能多、推荐多），立马就能峰回路转、柳暗花明。

当然了，你还可以举一反三，加入你自己的“多”，如服务“多”，附加值多，等等。

（2）快。这个“快”也包含了三个方面，就是吸收快、见效快和速度快。那么，怎样把这三个“快”运用到我们的话术当中呢？

我们先以美容院的销售人员给客户推荐一款新的美容产品来举例，

标准的话术大致是这样："姐，这款仪器我们是利用韩国小气泡，采用高气压雾化水分子到 40 微米，小于我们的毛孔，以每秒 280 米的速度，注入我们的皮肤基底层，所以吸收特别快。可以说，当时就能起到补水嫩肤的效果，见效特别快。"

下面，我们再举一个培训行业的话术。

"张总，我们的这个培训，所讲的内容不仅是知识，更多的是智慧，培训导师都是从销售一线拼杀出来的，所以他们讲的内容，您一听就懂，而且马上就能吸收，当时就能运用，效果相当明显。在往期的培训中，很多老板学习了之后，公司业绩增长特别快，最快的是当月就让公司的业绩增长了 3.5 倍。"

总之，只要把这个"快"字的秘诀融入你的话术，你的销售业绩就会飞快增长。

（3）好。这个"好"同样也包含了三个方面，就是口碑好、品质好、效果好。

①口碑好。口碑虽然看不见、摸不着，但其对企业的影响是无处不在的，所以销售人员在介绍公司和产品前，一定要先介绍公司的口碑。比如，某个知名媒体曾经对公司进行过报道、公司荣获过哪些行业里的大奖项、哪位明星曾经代言过公司的品牌等。

②品质好。如果说前面的口碑是看不见、摸不着的话，那么这个品质就是既看得见，也摸得着了，所以介绍起来也需要更讲究技巧。如果

直接说自己的产品如何如何的好，那就是典型的“王婆卖瓜”，这种情况客户听得太多了，所以即使你说得天花乱坠，客户也不一定会买单。那么，应该怎样介绍，才能让客户听了之后就怦然心动呢？其实很简单，就拿你的这款产品跟国际上顶尖的产品进行对比，然后说出两者之间的共同点和不同点；或者重点介绍你这款产品的原材料特征，包括产地、天然、绿色等。比如，笔者在一个大健康公司做销售时，就曾经这样介绍公司推出的一款泡浴药包：“方来自经书，药来自山林，纯中药萃取，做良心生意。”虽然只是短短的四句话，却已经将这款产品的品质说到了极致，客户一看到“经书”“山林”“中药”“良心”这些关键词，立马就下单了。

③效果好。那么怎样才能证明效果好呢？最直接的办法，就是对比，也就是通过效果图或者带有数字描述的柱状图，将使用之前和使用之后的情况进行对比，这样就一目了然了。

（4）省。省什么呢？主要是省时间、省力气和省钱财。人们对于自己不感兴趣的事情，是不愿意花费大量的时间和力气去做的。但是，如果这件事是必须做的，那就会看怎么做才能更省时间、更省力气和更省钱了，所以这个时候你在给客户介绍产品，如果能够将这个卖点提炼出来，那就不愁客户不买单了。

我们还是以美容院的销售来举例，标准的话术大致是这样：“张姐，您只需要每周到我们这里花一个小时的时间，就可以让您变得更加年轻和漂亮了，而且您到了我们这里之后，只要躺下来，可以睡觉，也可以闭目养神，起来之后就大变样了。我们这个项目只需要 29800 元，这是一年的疗程，这样算下来，平均每天都不到 100 元。”

总之，上面笔者所总结出来的“多、快、好、省”这四个关键字的运用，是笔者用了 20 多年的时间总结出来的万能话术。可以说，这套话术不但行之有效，而且放之四海而皆准。笔者也衷心希望通过自己的这个分享，能够帮助到更多有缘的朋友。

最后，笔者就用一句话来概括一下本节的内容：“要想富，练话术！”如图 8–1 所示。

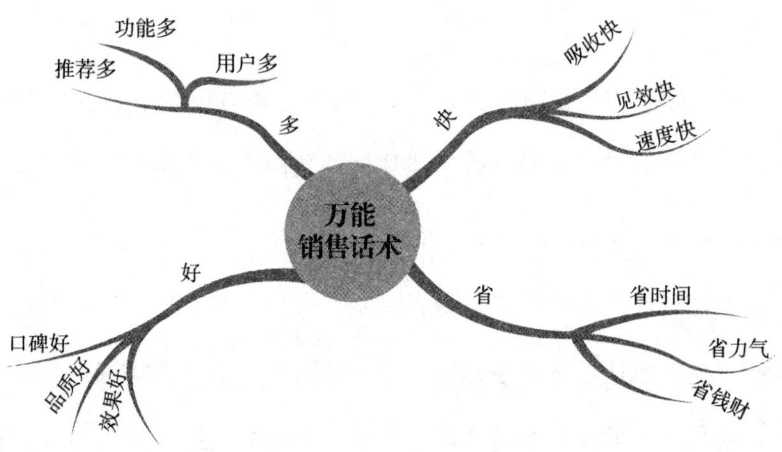


图 8–1　万能销售话术

## 九、八大成交金句——“100%成交的话术”

通过对前面内容的学习，相信大家已经掌握了很多销售的技巧和节奏。但是，你会发现，临门那关键的一脚，却总是踢不出来，或者即使踢出来，也经常是把球给踢飞了。这就相当于好不容易煮熟的鸭子又飞走了。为什么会这样呢？究其原因，是我们没有掌握成交的金句。所以，在这一节里，笔者将把自己经过多年实战经验总结出来的八大成交金句与大家进行分享。

（1）“80% 的人都在用，99% 都有效。”我们都知道，很多人是有从众心理的，所以当人们听到某款产品很多人都在用，而且效果很明显的时候，很容易就会成为下一个买单的人。相反，如果没有得到这样的暗示，只是想让客户试一试，那么即使你的这款产品质量再好，客户也可能不愿意试用，除非客户对你已经相当信任。打个比方，如果你的店里新来了一款化妆产品，你这样向客户推荐：“张姐，这款产品我们是新上的货，还没有人用过，要不您先试一下吧。”你自己想一下，客户会购买吗？答案一定是否定的。但如果你说这款产品目前卖得相当火，这个暗示对客户的杀伤力就太大了。你不想让她买都不行。

（2）“您是不是不相信我？”对于这句话，笔者只用过三次，但成功率是百分之百。而之所以不常用，是因为使用这句话，一定要讲究时机，绝对不能乱用。那么，在什么情况下才能使用呢？至少得具备一个前提，那就是你得跟客户有一定的情感基础，而且是在你给客户介绍完产品之后，你明知道对他很有帮助，而且他心里也有想买的意愿，可就是不知道哪里出了问题，客户仍然犹豫不决，眼看着客户就要离开了……这个时候，你就可以把这个“撒手锏”使出来了：“张哥，您是不是不相信我呀？”然后再用无辜的眼神看着他。这时，客户的第一反应，肯定是这样：“我当然是相信你的呀！”接下来，真正考验你“临门一脚”功夫的时候就到了。这时，你就趁势接过客户的话：“张哥，如果您相信我的话，您现在就可以做一个明智的决定……”然后，拿出合同和 POS 机（刷卡机），接下来他自己就知道该做什么了。

当然了，还是再次强调一下，这种扎心话术，一定要在你和客户的关系已经得到升级后才能使用，至少你们已经是朋友关系，一起吃过几次饭了。不然的话，结果可能就很尴尬了，人家只回你一句：“是啊，我就是不相信你！”那就彻底没得谈了。

（3）“您就放心地用吧，结果我负责！”一般人会认为，凡事动不动就拍胸脯保证的人，肯定不靠谱，甚至老子也说过：“轻诺必寡信。”但一个优秀的销售员，必须学会不走寻常路，而且敢于剑走偏锋。所以，该拍胸脯的时候就得拍，该承诺的时候就得承诺，当然这个一定要建立在过硬的产品质量，以及优质的售后服务上，不能只是许下承诺而不兑现。

实际上，在日常的销售活动中，这一句用得也不是特别多，主要是针对那些有选择恐惧症的客户，他们虽然有购买的意愿，但又不够自信，总怕上当，需要别人帮他做一个决定。这个时候，你的一个承诺，就相当于给他吃了一颗定心丸。客户没有了后顾之忧，也就能顺理成章地成交了。

（4）“您可以先交点订金，实在不方便的话我可以先帮您刷。”相信很多销售高手都用过这个方法，至少笔者就用过很多次。当然，客户之所以“没钱”或者“不方便”，实际上都是犹豫不决惹的祸。这个时候，就需要我们给他一个诚恳的态度了，比如帮客户垫付定金，既是表现出对客户的极度信任，也是主动成交的一种暗示。一般情况下，如果客户接受了你的这个暗示，自然就会说：“不用你帮我垫付，我自己交就行了。”如果客户还继续犹豫，也还有回旋的余地，你可以跟客户说：“我们今天的活动，优惠力度真的很大，过了今天，就得等一年了。”

（5）“我现在就帮您定下来。”对于外界判定型和配合型的客户来说，只需要这句就够了。所以，做销售虽然需要口才，需要多说、多讲、多劝，但有时候真的不需要多说一句话，只需要在关键的时刻，帮客户下一个决定就可以了。当然了，需要你帮忙做决定的客户，实际上并不多见，毕竟配合型的客户是相当少的，但只要遇见了，就请你千万不要放过，因为这绝对是“煮熟了的鸭子”。

（6）“这次要是做好了，您肯定要感谢我。”好的销售员，都是勇于向客户要感谢的，当然要说出感谢的方法，也就是让人家如何感谢你，否则就只是空话或者客套话了。以美容院的顾问举例，你可以这样说：“张姐，等这个项目做好了，您要请我看场电影呀！”或者“张姐，等您这个项目做好了，您要请我吃好吃的呀！”这时，如果客户这样回你：“请你看电影是小事情了！”实际上就已经进入了你的语言模式，也就意味着成交即将成为现实。

（7）“这两个，您觉得哪个好，哪一个更适合您？”当我们向客户提问的时候，一般有开放性的问题，也有封闭性的问题。如果你还不太了解客户的需求，就可以多问一些开放性的问题，比如问客户：“张姐，您最喜欢什么颜色呀？”而如果你要让客户做决定的时候，那就多问一些封闭性的问题：“张姐，您更喜欢红色的这款，还是绿色的这款？”如果客户说更喜欢红色，你就说：“红色确实更符合您的品位。”如果客户说更喜欢绿色，你就说：“绿色与您的气质真是太搭配了。”如果客户说：“这两款我都想要。”那你要说什么呢？笔者一般是这样说的：“张姐，您真是太棒了，做出了一个很明智的决定。”

（8）“一会儿您是微信还是支付宝？一套还是三套？”这句话相当关键，但越是关键的话，却往往需要重复几次才能真正成交。那到底需要重复几次呢？笔者建议至少是五次，因为这个世界上没有任何人会拒绝另外一个人五次以上，如果有的话，那就再来五次。不过，以笔者的经验，很少有人会拒绝你五次，三次之内基本上就搞定了。所以，如果暂时被拒绝了，你一定要讲满五次。

那么，怎么做到重复五次呢？下面笔者就来教大家，还是举例。

“张哥，我们的这款产品目前 80% 的人都在用，99% 都有效。您也来一个吧，一会儿您是微信还是支付宝？一套还是三套？”

客户可能会说：“我再考虑考虑吧！”（一次）

这样的回答可能已经在你的意料之中了，这时候你可以这样说：“您是在考虑这两款产品哪个更好吧。我觉得 A 款更适合您。我这就帮您定下来吧。一会儿您是微信还是支付宝？一套还是三套？”

客户又会说：“我得先回去跟家里人商量一下，暂时都不定了。”（两次）

这时，你就可以拍胸脯保证了：“张哥，这些产品的质量肯定没有问题，您就放心地用吧，结果我负责！一会儿您是微信还是支付宝？一套还是三套？”

这时，客户可能会说：“我不是不放心，只是我家里还有，还没用完呢，等用完再买吧！”（三次）

这时客户的心理防线已经开始松动了，所以你得继续：“张哥，我们今天的活动，优惠力度很大，您可以先交点定金，您是微信还是支付宝？一套还是三套？”

这时客户可能有点恼了，一拍桌子说：“你这个人怎么缠着没完呀，今天我就不买了，你再说我马上走。”（四次）

这个时候，你心中是不是有很多问号？这客户咋就突然急眼了呢？实际上，谁急代表谁心虚，因为此时他比你还紧张，紧张到要用发脾气来掩盖自己脆弱的小心脏。但客户已经急了，接下来该怎么办呢？这个时候，就可以使出这八大金句中的第二句了：“张哥，您是不是不相信我？是不是还不了解我们的产品？”然后看着他，接着说，“张哥，既然这样，您今天就是想买，我也不卖了，但我还是有责任和义务把这款非常好用的产品给您介绍清楚。”之后，你就可以套用笔者前面分享过的“多、快、好、省”四字诀，把产品的卖点介绍给客户。

最后再问：“张哥，这回您了解了吧？”

客户这里一般会说：“嗯，这回了解了。”

于是，你就把刚才已经重复了四次的金句再说一遍：“那您是微信还是支付宝？一套还是三套？”

客户也许会很诧异地说：“你不是说今天不卖给我了吗？”

你就说：“张哥，您刚才还没有了解我们的产品，我当然不卖给您了，现在您都了解清楚了，我怎么会让您失去一个享受这个产品的机会呢？来，我们到这边来办理一下手续。”

好了，这节的最后，笔者还是再次强调一下，我在上节内容结束时说过的话：“要想富，练话术。”一定要相信，这八大成交金句，值得你反复练习，反复运用，直到能完全融入你日常的销售为止。

## 十、刻意练习——成为顶尖高手的核心秘密

我们这一节要讲的内容，可以说相当重要，因为在这一节里，笔者将要跟大家分享的内容，可以帮助你成为自己所在领域里的顶尖高手。只要你好好运用这个方法，不管你的年龄、学历、出身背景如何，你都可以成为自己所在行业里的佼佼者，这个方法就是刻意练习。

研究证明，要想成为大师级的人物，只有一个秘诀，那就是不断地练习。心理学家经过研究发现，天才和普通人的大脑，并没有多少区别，唯一的区别在于对大脑的使用方法不同。也就是说，几乎所有的天才，都有一个刻意练习的过程，他们也都不是天生，或者轻轻松松就能够成为天才的。

那么，刻意练习都有哪些特征呢?

（1）目标明确。我们以体育运动举例，如果你只是让自己的身体好一点，不至于经常生病，那你就坚持每周进行两三次的有氧运动；如果

你想塑造完美的身材，比如要让身材达到倒三角形，或者要练出几块腹肌，那你就要坚持每天都训练，而且在训练强度上有一定的要求；如果你要成为专业的运动员，就必须刻意练习，全年无休，风雨无阻，而且每天训练的强度必须达到量化的标准。

（2）志向远大。很多人在学习某个领域的知识时，往往都是凭着兴趣爱好进行。这一点，当然是好事，毕竟兴趣是最好的老师。但是，我们都知道，所谓兴趣，也是不断变化的，比如小时候你喜欢画画，上学之后喜欢唱歌，毕业之后喜欢摄影……如果是这样学下来，你虽然学到了很多东西，但你会发现，没有一样是你真正精通的，更别说达到专业级别了。而之所以这样，是因为你没有把自己的兴趣提升到志趣，也就是没有把自己的兴趣与志向结合起来。打个比方，笔者虽然很喜欢弹吉他，但直到今天，我的水平也只是比普通的吉他爱好者高那么一点点，远未达到专业的水平。之所以这样，是因为笔者只是把弹吉他当成一种兴趣，却没有成为音乐家的志向。

相比之下，我的女儿格格就比我好太多了，她刚开始喜欢画画的时候，只是随意地涂鸦，但现在每天都会坚持作画。每到周末时，不需要我们督促，她自己就主动去培训班学国画。目前，我发现她画虎的技法已经相当高，所以如果她想往这方面发展的话，我肯定会鼎力支持的。

当然了，笔者虽然没有把对吉他的兴趣提升到志趣的高度，但对销售就完全不一样了，笔者不但对销售有兴趣，而且立志成为顶尖的销售大咖，所以笔者练话术的时候是玩命的，拜访客户的时候是玩命的，给客户介绍产品的时候是玩命的，讲课的时候是玩命的，包括现在出书与大家分享也是玩命的……可以说，正是因为有这样玩命的劲头，才有笔者的今天。所以，笔者一直很感激自己曾经那样拼命地学习过，曾经那样玩命地练习过。如果不是这样，我今天可能还会在担心明天的自己会不会失业，或者还在为只能勉强维持生活的薪水而发愁。

总之，你不吃学习的苦，就得吃生活的苦；你不吃练习的苦，就得吃失败的苦。所以，与其被动地接受，不如主动地选择。当你把自己的兴趣当成自己的事业去经营，进而不断刻意练习的时候，那么成功自然就水到渠成了。

（3）及时反馈。普通人在练习某项技能时，往往只是当成任务去完成，练完了就完了，虽然也会坚持日复一日地练习，但只是为了坚持而坚持，是典型的“只顾埋头拉车，不肯抬头看路”的类型。而刻意练习的人，除了每天坚持练习，还要注重反馈，就像练习减肥一样，每过一段时间，就称一下体重，看看这个方法有没有效果。如果有效果的话，就继续努力；如果没有效果，就检查一下哪里出了问题。当然了，当你想提升某一方面的能力时，如果能够找到这方面的顶尖专家，不断地给你有针对性的反馈和建议，这对你能够有针对性地刻意练习，是很有帮助的。

（4）积极改进。刻意练习与积极改进，可以说是相辅相成，互为因果，刻意练习会让你积极改进，积极改进又促使你不断刻意练习。记得笔者刚开始练习演讲的时候，每到周末就会比平时还要忙，因为我要利用周末的时间加紧练习，并通过同事的帮忙，不断反馈我的问题，包括我的眼神、手势、语音、语调、发音是否准确等。我还经常约几个同事到公司里进行演讲比赛，之后大家相互提出问题，然后针对这些问题不断练习，不断改进。直到今天，笔者虽然早已把讲台当成了舞台，能够尽情挥洒自己的激情，传递自己的信念，分享自己的心得。但每次从讲台上走下来，我还是会不断复盘，不断修正。就是现在，我也还是每天都进行大量的演讲练习，并且用视频的方式录下来，让同事给自己反馈问题，然后继续改进。

对于笔者这种积极改进的方式，有很多人可能会觉得这需要很强大的意志力，但实际上，这世界上并不存在所谓意志力，因为这个世界上没有你“能不能”，只有你“愿不愿意”。只要你愿意，你就一定能；只要你不愿意，你就肯定不能。比如，笔者最近组织了一个俱乐部，会员是自己的几个合伙人，俱乐部的主要任务是召集大家每天比平常早起 40 分钟，然后一起晨跑、练习发声等。刚开始时，这个俱乐部只有 2 个人，现在已经发展到 4 个人了。我相信，我们的会员还会不断地增加的。

（5）开拓创新。刻意练习绝对不是机械地重复，而是在练习的过程中不断开拓自己的思维，并勇于创新。这一点，可以说是刻意练习的终极目标。比如，那些著名的世界体操冠军，几乎每个人都有以自己的名字命名的动作。而他们之所以能赢得这份荣耀，就是因为敢于开拓创新。

总之，刻意练习是平庸与卓越的分水岭，如果你想拒绝平庸的话，那就从刻意练习做起。当你通过不断地刻意练习，达到期望的状态时，你就已经脱胎换骨，从此迈向卓越，成为你所在行业里的顶尖高手，如图 10-1 所示。

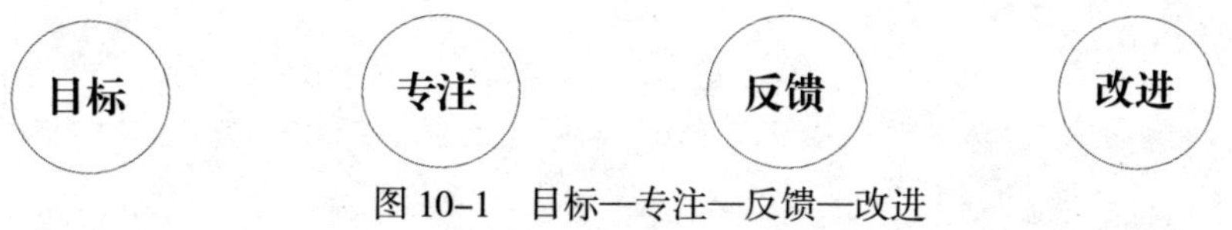


图 10-1 目标—专注—反馈—改进

## 十一、销售飞轮——让销售团队自动运转

下面笔者将要跟大家分享一个让销售团队自动化运转的有效工具——销售飞轮。

在日常的生活、学习和工作中，我们都有带过团队或被别人带过的经验。而在这个过程中，相信我们都发现过这个现象，那就是在学习时间和工作时间都一样的情况下，有的人能够做到业绩很好，有的人却只能勉强维持温饱，还有的人甚至被淘汰掉。这到底是什么原因呢？他们之间的区别到底在哪里？其实，区别只在于他们有没有一个好的飞轮技术。当然，由于我们这本书的主题是销售，所以笔者在这本书里，主要分享的，就是销售飞轮。

在前面的内容中，笔者已经提到过，不管我们做什么事，肯定得有一个目标，这样才更容易成功。相反，如果没有目标，要么就是

像无头的苍蝇一样，到处乱撞，最后连死都不知道是怎么死的；要么就是凡事只有三分钟的热度，浅尝辄止，最后是碌碌无为，一事无成。

其实，凡是做得好的销售员，都会有一个非常明确的目标，比如这个月要完成多少销售额，要有一个明确的数字，然后盯紧这个目标，全力以赴，而不仅仅是尽力而为。或许有的朋友读到这里，马上就会提出疑问：“我都尽力了，还要怎样？凡事只要尽力而为，就可以问心无愧，没必要跟自己过不去。”对于这样的疑问，我也不想反驳，但我可以跟大家分享一个故事。

戴尔·泰勒是美国西雅图一所著名教堂里的牧师。有一天，这位德高望重的牧师在帮教会的学生们讲课后，跟他们分享了这样一个故事。

有一位猎人带着猎狗出去打猎。在路上，他们突然碰到一只兔子，猎人二话不说，举枪就射，并击中了兔子的后腿。兔子受伤后，拼命地逃跑，而猎狗则在兔子后面紧追不舍。可是，没过多久时间，兔子就远远地把猎狗甩掉了。猎狗知道自己不可能追上兔子了，于是只好悻悻然地回到猎人身边。猎人一看，气急败坏地说：“笨东西，连一只受伤的兔子都追不上，你有什么用啊？”

猎狗听了猎人的训斥后，便不服气地为自己辩解道：“那只兔子跑得实在是太快了，我也没有办法呀，你也看到了，我已经尽力而为了呀！”

受伤的兔子逃回家后，兄弟们看到他这个样子，就问他是怎么回事，兔子便把刚才的遭遇从头到尾说了一遍。兄弟们听后，都十分惊讶，并好奇地问："你的脚伤得这么重，而那只猎狗又那么凶狠，你到底是怎么逃脱的呢？"

兔子回答说："猎狗只是尽力而已，而我是竭尽全力呀！你们知道的，他追不上我，回去后顶多让猎人骂几句，而我如果不竭尽全力地跑，那可就连命都没了呀！"

讲完这个故事之后，泰勒牧师又向全班同学郑重承诺："不管是谁，只要他能够把《圣经·马太福音》第五章到第七章的内容全部背出来，那么我就邀请那个人到西雅图的（太空针）高塔餐厅参加免费的餐会。"

参加高塔餐厅的免费餐会，这是许多人都梦寐以求的事呀。但是，《马太福音》第五章到第七章的全部内容，总共有几万字之多，要把这三章的内容全部背诵下来，其难度是可想而知的。所以，几乎所有的同学都望而却步了。

然而，谁也没有料到，几天后，一个年仅11岁的男孩，却胸有成竹地站在泰勒牧师面前，将《圣经·马太福音》第五章到第七章的全部内容一字不漏地背诵出来，而且背到最后时，简直成了声情并茂的朗诵。

作为一名牧师，戴尔·泰勒比谁都清楚，即使是成年人，要在这么短的时间内把这些内容背出来，难度也是相当大的，更何况是一个孩子呢？于是，泰勒牧师在赞叹男孩那惊人记忆力的同时，不禁好奇地问：“你到底用的是什么方法，能够在这么短的时间内，背诵出这么长的文字呢？”

男孩不假思索地回答道：“没有什么特别的方法，我只是全力以赴！”

16 年后，这个男孩创办了一家举世闻名的公司，这家公司的名字叫微软。而这个男孩的名字，就叫比尔·盖茨。

从这个故事中，我们可以得知，一个人想要出类拔萃，想要创造奇迹，想要实现梦想，仅仅尽力而为还是不够的，必须做到全力以赴才行。我们姑且不论 11 岁的小比尔对《圣经·马太福音》的内容到底理解了多少，就以他这种全力以赴的魄力来看，就能推测出他日后之所以获得巨大成就的原因了。其实，即使比尔·盖茨没有创办微软公司，而是从事其他的行业，他也同样会获得成功，原因无二，就是全力以赴。

其实，每个人都有极大的潜能。正如心理学家所指出的，一般人的潜能只开发了 2%~8%，即使是像爱因斯坦那样伟大的科学家，也只开发了 12% 左右。如果一个人能够开发出 50% 的潜能，就可以背诵 400 本教科书，可以学完十几所大学的课程，还可以掌握 20 多种不同国家的语言。也就是说，我们有 90% 的潜能还处于沉睡的状态中。所以，我们应该给自己培养这样的观念，那就是要想出类拔萃、创造奇迹，仅仅做到尽力而为，那是远远不够的，必须竭尽全力，才能真正迈向卓越。

当然，有了明确的目标，以及为实现这个目标而竭尽全力的气魄之后，还需要讲究方法。否则，如果努力的方向是南辕北辙的话，你越是竭尽全力，可能就离目标越远，或者事倍功半，那就太不划算了。

那么，实现目标的方法都有哪些呢？大家可以回过头去，继续学习我们在第七节中讲到的鱼骨图、流程图以及圆饼图，将这些方法融会贯通。当然，如果你是管理者的话，一定要做到奖罚分明，而且奖就要奖得心花怒放，罚就要罚得胆战心惊，这样才能真正激起团队成员的斗志，才能更有利于培养团队的凝聚力以及打造团队的竞争力。

所以，通过销售飞轮，可以将我们团队的动力、能力和执行力这三大系统完美地融合起来。笔者一直觉得，这三大系统实际上是因、缘、果的关系，其中动力是因，能力是缘，执行力是果。为什么呢？其实，不管是过去、现在还是未来，无论我们做什么事情，肯定得先有一个动力，或者叫动机。那么，动力来自哪里呢？当然是来自我们确定的目标，比如我们要让自己的生活越来越美好，或者让我们的家庭越来越幸福，又或者要改变我们整个家族的命运……要实现这些目标，是需要有强大的能力的，只有我们对自己的能力有足够的自信，我们才能够把动力真正转化为执行力。而所有的问题，在强大的执行力面前，自然也就迎刃而解了，如图 11–1 所示。

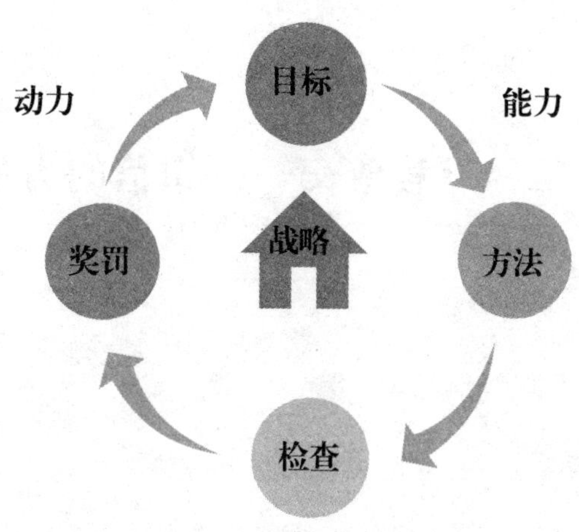


图 11–1 从动力到执行力的转化

## 十二、三秒成交——相信的力量

在前面的内容中，笔者已经提到过，要想成为一名优秀的销售人员，虽然要学习一些话术和技巧，但我们要知道，这些都只是销售之术；而真正的销售之道，则是相信自己、相信产品和相信客户。当我们能够以道御术，使道术完美融合之时，便是我们的成功之日。所以，三秒成交，绝对不是天方夜谭，而是在"信心"加持之下的必然结果。

### 1. 相信自己

很多事实已经告诉我们，当一个人百分之百相信自己时，他就能够创造无数的奇迹；相反，当我们没有自信，或者不够自信的时候，那么不管做什么事，结果往往都是不如意的。所以，无论你现在从事什么行业，也不管你在销售什么产品，要想获得成功，首先就要学会相信自己，而且是百分之百地相信自己。

在这里，笔者想跟大家分享一个真实的故事。

1895年10月的一天，一个年轻人到美国全国现金出纳机公司办事，正好遇到该公司设在布法罗市营业处的负责人约翰·兰奇（John Range）先生。于是，那位年轻人就向约翰·兰奇表示：“我希望能当一名推销员。”

“可以试一下。”约翰·兰奇直截了当地跟他说。

然而，两个星期过去了，年轻人虽然辛苦地走街串巷，却依然一台出纳机也没有卖出去。但是，那位年轻人并没有因此而灰心丧气，他找到约翰·兰奇的办公室，希望这个前辈能够给予指教。

“哼，我早就看出你不是干推销的那块料。瞧你一副呆头呆脑的样子，还不赶快给我滚出去！你呀，还是老老实实回家种地去吧。”约翰·兰奇竟然对年轻人破口大骂。

此时，这个身材高大的年轻人，真的是无地自容，恨不能有一个地缝让他钻进去。但是，年轻人并没有因为被斥责而不满，仍然默默地站在那里……最后，约翰·兰奇先生没有再发脾气，并露出和蔼的表情，耐心地说：“年轻人，不要太着急，让我们来好好地分析一下，为什么你连一台出纳机都没有卖出呢？”

约翰·兰奇一下子就像换了一个人一样，他请年轻人坐下来，接着说：“记住，推销不是一件轻松容易的事。如果人们都需要出纳机，他们就会主动去购买，用不着让我们费劲去推销了。推销是一门学问，而且学问很深。这样吧，改日我和你走一趟。到时候如果我们两个连一台出纳机也卖不出去，咱俩就各自回家吧！”

约翰·兰奇没有食言，几天之后，他带着这个年轻人上路了。

年轻人非常珍惜这个宝贵的机会。他认真地观察约翰·兰奇的一举一动。在一个顾客那里，他听着约翰·兰奇这样说：“买一台出纳机可以防止现金丢失，还能帮助老板有条理地保管记录，这不是很好吗？还有，这台出纳机每收到一笔款，就会发出非常好听的铃声，让人心情很愉快……”

年轻人睁大眼睛，看着一笔生意就这样被约翰·兰奇谈成了。而且接连几次都这样。

后来，年轻人才知道，约翰·兰奇那天对他的斥责，既不是真的看不上他，也不是因为在家里跟老婆吵架了而拿他撒气，而是对推销员的一种训练方式：先是将人的面子彻底撕碎，然后告诉你应该怎样去做，以此来激发人的信心和决心，从而调动人的全部潜能和智慧。

这个年轻人从约翰·兰奇那里学到了这种信心和智慧，从而使他一步步得到提升。然而，1913 年，他被人诬陷，最后被老板开除，而那一年他已经 39 岁了。随后，他决定东山再起，没过多长时间，他便创办了一家由 13 个人组成的计算制表记录公司。然而，这家小公司经营得并不顺利，几年后，公司几乎要破产了，只能靠着大量借贷，才熬过了 1921 年的经济衰退期。1924 年，已经不再年轻的他决定对公司进行更名，他希望公司提高眼界，更上一层楼，成为真正具有全球地位的大公司。

不过，这似乎有点滑稽，当时他的儿子是这样描述他的：“父亲下班回来，拥抱母亲，骄傲地宣布：从此之后，计算制表记录公司更名为‘国际商用机器公司’。当时，我站在客厅的走廊上想着：就凭那家小公司还敢用‘国际’这两个字？”

故事讲到这里，相信大家已经知道，那个刚进入职场就被训斥，后来在职务得到晋升后又遭人诬陷，最终被迫自己创业的年轻人，到底是谁了。没错，他就是 IBM 的创始人——托马斯·约翰·沃森（Thomas John Watson）。

听了这个故事，我们不妨试想一下，托马斯·约翰·沃森当初被约翰·兰奇先生“斥责”时，如果他转身愤然离去；或者他后来被老板开除后，开始怨天尤人，然后自暴自弃；又或者他创办公司后，面临经济衰退期和公司即将破产的困境时，选择放弃。那么，科技界恐怕就会少了一位大名鼎鼎的计算机巨人，也不会有 IBM 的诞生，更不会有 IBM 后来的辉煌历程了。当然，也不会有托马斯·约翰·沃森逝世后美国总统艾森豪威尔发表的那一段话：“托马斯·约翰·沃森的逝世，使我国失去了一个真正杰出的美国人：一个首先是伟大的公民和伟大的人道主义者的企业家，我失去了一位诤友。”而托马斯·约翰·沃森的成功，背后其实只有四个字——相信自己。

**2. 相信产品**

作为销售人员，如果连你自己都不相信自己所销售产品的绝对优势，那么你的业绩是很难得到提升的。

记得有一次，在笔者的一个培训会的现场，有一位学员，穿着非常漂亮的皮鞋，整个人看起来很精神，也显得很有品位。于是我就问他是从事哪个行业的，他回答说："我是做皮鞋的。"

我一听，顿时很羡慕，并对他大加赞叹："厉害，你今天穿的这双鞋就很漂亮啊！"结果他听了之后，很不好意思地把脚缩了回去。

我以为他对那双鞋还有不满意的地方，于是就对他说："这有什么不好意思的呀，漂亮就是漂亮，我从来都是实话实说的。"

这一下，他彻底不好意思了，对我说："我穿的这双鞋，不是我们厂生产的。"

我听了，觉得很疑惑，按理说从事皮鞋制造业的人，不管走到哪里都应该穿着自己生产的皮鞋呀，这么典型的活广告，为什么不用呢？于是就进一步问他："你为什么不穿自家生产的皮鞋来呢，你如果穿来了，我在讲课的时候，就可以直接用你来举例，这样还可以帮助宣传，多好的事呀！"

结果，他听了我这番话之后，更不好意思了，对我说："郭老师，我不是不想穿我们工厂生产的皮鞋，而是我们工厂生产出来的皮鞋，穿起来实在不舒服……"

这一下，笔者彻底明白过来了，于是反问他：“如果连你都不喜欢自己工厂生产出来的鞋子，你觉得你的客户会喜欢吗？”

其实，在这个案例中，这位学员所说的自己工厂生产出来的皮鞋穿起来不舒服，实际上只是一个假象，因为现在的制鞋工艺已经相当成熟，所以生产出来的皮鞋，不可能让人穿起来不舒服。所以，这位学员所谓“不舒服”，无非他自己穿的那双皮鞋，市场销售是1000元，而他自己工厂生产的皮鞋，市场销售是500元。

所以，由这个案例，笔者也想起了国产手机品牌——华为。试想一下，如果华为的销售人员，使用的都是苹果、三星之类看起来更高档的手机，然后觉得华为的手机不好用，那么华为还会有今天吗？我想，答案肯定是否定的。正是因为所有的华为人都认为，华为手机是天下最好的手机，才会有华为的今天。

同样的道理，当你认为你所销售的产品，是天下最好的产品时，那么你就是天下最好的销售员。

**3. 相信客户**

当我们相信自己，也相信自己所销售的产品时，那么我们就更有理由相信，客户一定会购买我们的产品。试想一下，我那么优秀，客户怎么会拒绝我呢？我销售的产品那么好，客户怎么会拒绝购买呢？

所以，永远不要用你那有限的目光去打量客户那无限的潜质。我们要明白，客户的需求其实是相当大的，只是这个需求可能需要我们先去挖掘。而挖掘客户的需求，不正是我们作为销售员要做的工作吗？如果客户都能明白自己的需求，那么厂家把产品生产出来之后，岂不是只要坐等收钱就可以了，为什么还需要销售员呢？正因为如此，我们就应该明白，客户不明白自己的需求，恰恰是我们销售员存在的意义，也是销售员的机会。然而，很多销售伙伴却没有明白这个道理，所以经常是一上来就把客户否定了："哎呀，我觉得张姐不可能购买这么贵的产品。""哎呀，我看李姐不会看上这款产品的。"

笔者倒是想问问你，如果张姐很主动地就购买这么贵的产品，如果李姐一下子就看上这款产品，而且马上掏钱，那么你到底是销售员还是收银员？

所以，永远不要觉得自己所销售的产品太贵，客户买不起；也永远不要觉得自己所销售的产品档次不高，客户看不起。只要你足够相信自己，足够相信产品，那么客户就一定看得起，更买得起。

现在，你应该明白笔者所说的"三秒成交"是什么意思了吧。没错，"三秒成交"就是：第一秒，相信自己；第二秒，相信产品；第三秒，相信客户。这就是相信的力量，这就是成交的真正秘诀。

# 十三、能量密码——来自道德的加持

还记得在本书的开篇，笔者是如何给销售下定义的吗？没错，销售的定义，就是“做事 + 做人 + 做局”。而在本部分的最后一节，笔者主要想跟大家聊一聊能量的密码。其实，不管是做事、做人，还是做局，最后能否成功，都取决于你是否掌握了这个能量密码——来自道德的加持。

老子在《道德经》的第五十五章中，开篇就写道：“含德之厚，比于赤子。毒虫不螫，猛兽不据，攫鸟不搏。”意思是说，怀有深厚德行的人，好比婴儿一样纯真。毒虫不来螫他，猛兽不来抓他，凶恶的鸟不来扑他。显然，老子在这里运用了夸张的手法来赞誉那些道德高尚的人，在这些人面前，毒虫、猛兽、凶禽等，都会主动回避。虽然我们听了觉得有点玄乎，但事实一再证明，凡是品行高尚的人，他的事业都会获得巨大的成功。

下面，笔者就以中国当代的企业家兼慈善家曹德旺先生来举例。

北京时间2020年2月10日，第92届奥斯卡金像奖颁奖礼，在美国洛杉矶好莱坞举行。由美国前总统奥巴马夫妇投资制作、以中国福耀集团在美国建厂为背景的纪录片《美国工厂》，获得最佳纪录长片奖项。当时唯一获奖的中国人曹德旺因故并没有前去领奖。但在颁奖典礼上，导演史蒂文·博格纳尔（Steven Bognar）和朱莉娅·赖克特（Julia Reichert）用中文表达了对曹德旺的感谢之情。

而很多人在为曹德旺感到骄傲之余，也不免产生这样的疑问，一家中国民营企业，以及一个中国民营企业家，是怎么拿下奥斯卡的？

原来，这个曹德旺可是大有来头，他不但是福耀玻璃集团的创始人，而且是一位慈善家，被誉为“中国首善”。据说，在全中国的汽车中，每两辆车就有一辆用的是福耀集团的玻璃。而在全国的慈善家中，能够连续5年登上富豪排行榜的只有16名，曹德旺就是其中的一位。截至2021年4月，曹德旺已经累计捐款达120亿元。

那么，如此传奇的一位企业家，到底是从哪所名校毕业的呢？在曹德旺的简历介绍上，在学历一栏赫然写着“初中”两个字。原来，曹德旺9岁才开始上小学，而且仅读到初一就辍学回家。但是，凡是和曹德旺有过接触的人，没有一个人认为他的文化水平仅仅是初中。对此，曹德旺也颇为自豪地说：“我跟很多人聊天，都没有告诉他们，我初中没毕业，但我可以跟任何人讨论问题。因为我辍学之后，仍然每天至少要读两个小时的书，直到今天。”

曹德旺14岁辍学后，曾在家里放了一年的牛。然后开始跟随父亲做烟丝生意，一做就是5年。其间，来来回回折腾做了许多事，一度还为了生计而出门打工。直到1973年，曹德旺才真正摸到做生意的窍门，那年他开始做树苗生意，用3年的时间赚了几万元。

1976年，曹德旺开始转行，做起乡镇企业采购员。他认为做这一行，一定要多交朋友，所以平常聚会时，在吃喝方面，全都是他买单。因为他坚信，在赚钱方面，他要比别人强，所以从来都不用担心会没钱花。

1983年，曹德旺进入玻璃行业后，更是一路开挂，并创办了福耀集团。2014年，曹德旺开始在美国投资建厂，而且只用了4年的时间就实现了盈利，并为当地提供了一千多个就业机会。

曹德旺是一位品格高尚，而且很有责任心的企业家，在谈到做企业时，他说：“方向决定结果，追求的目标端正了，就决定了你的进步。”同时，他还根据自己的发展经历，得出了这样的结论：“一个企业家要把事情做好，一定要热爱自己的国家，这种热爱不仅会给自己带来财富，而且会成为做事业的动力。”

坚定的目标方向，坚毅的性格和强大的意志，使得经历过刻骨铭心岁月的曹德旺明白，中国的希望在于中国人自己的觉悟。如果每个行业都有人执着地把自己的事业与国家联系起来，并能坚持做好，那么执着于这项事业的人，不但能够成为自己这个行业的领袖，为自己与社会创造财富，而且有机会跻身于世界这个大舞台，为世界创造价值和财富。

曹德旺更明白“作为企业家，做小事情靠的是技巧，而做大事则要靠眼光和人格魅力”。作为一名商界领袖，在40多年的企业家生涯中，曹德旺认为自己的成功，最大的经验就是做事如同做人，不论做人做事，还是做产品，都要始终“以诚为本”。从创建福耀公司以来，曹德旺便将这种思想和精神带到了企业管理中，更灌输给每位福耀的员工。公司始终强调把客户的利益放在第一位，提供优质的产品和优质的服务，不走私，不偷税，不投机取巧。

忙碌之余，曹德旺也不忘作为一名雇主的责任和义务，他一直认为：员工是企业成功的关键因素。所以，他不仅在公司设立福耀管理学院，还将技术人员送至国外优秀企业进行学习深造，以提升员工的综合素质。同时，集团内刊《福耀人》每期的重点栏目“董事长寄语”，均是由他亲自撰文，分享自己对经营管理和做人做事的感悟，把教导后生视为自己义不容辞的责任。

在工作之余，曹德旺坚持每天看书学习，无论古今中外，入眼皆可读，读来皆入心。并结合生活对照自身，举一反三，触类旁通。渐渐地，聪明的他成了一位博古通今的“杂学家”，而且做到了学以致用。他通过对传统儒家思想的领悟，根据自己的实际经历总结出了一套“成功五字真经”——仁、义、礼、智、勇。对于这五字真经，曹德旺是这样解释的：“仁，是仁慈善良，是健康包容的心态；义，是道义责任，是敢于承受、勇于担当的胸襟气度；礼，是礼仪，做人的分寸和对人对事应有的尊重；智，是智慧、眼界和看事情要有穿透力和前瞻性；勇，是敢于挑战未来，挑战自身极限的勇气。”

曹德旺经常说：“做事业，有崇高的感觉，才可以做成。我们的国家是人口大国，经济型人口很缺乏，消费人口多，我们在有限的时间内能够做多少呢？时间总是不够用的。”所以，他总是拼命地学习和工作，甚至连吃饭的时间也不放过，工作日在食堂用餐时，曹德旺一般只用10分钟左右，往往是中层干部还没溜达到餐厅，他就已经吃完饭，开始看报纸了。

因为他以身作则，所以很多中层管理员在工作中，也不断自觉地给自己施压。据盖洛普公司统计，普通公司只有20%的中层管理员会有这种“带自虐倾向”的施压，若有30%~40%的人如此，就已经是非常优秀的公司了，而在福耀集团的中层管理员中，这样的人竟达到80%。由此，我们便不难得知福耀集团能够迅速崛起的原因了。

曹德旺是个善良的性情中人，他已记不清自己资助了多少穷苦孩子从中学读到大学毕业，为多少次灾难提供过援助了。他年轻时吃过太多的苦，知道穷困会给人带来从精神到肉体的极大的摧残和打击，所以他对有困难的人总是有求必应，尽量力所能及地造福社会。

在其自传《心若菩提》一书中，曹德旺曾写下这样一段话：“往前走，但永不改变行走的策略：听党的话，严格按政府的规定办事；按章纳税；尊重所有的官员，但保持一定的距离；一起吃饭可以，但仅限于吃饭，绝不涉及财物往来；在经营企业的过程中，如有盈利分红，除了用于家庭和自身生活费用之外，皆用于社会捐赠。因为有这最后一条戒律，所以我的捐赠项目与资助人数，与我的企业发展、财富的增加成正比。这些与日俱增的社会公益数额，皆出自我个人的分红所得，而非企业的行为。”

我想，这应该就是曹德旺获得成功的真正原因：自己活着，是为了帮助别人更好地活着。

# 下篇

## 『一对多』的销售战略

在第一部分中，笔者主要跟大家分享了“一对一”的销售之道。接下来的第二部分，笔者将要跟大家分享“一对多”的销售战略——会销招商系统。

在这个部分中，我们将以会销（会议营销活动）作为载体，通过“会销招商系统”，打造核心的营销舰队。相信大家都有这样的感觉，随着时代的进步以及技术的升级，需要学习的东西真是越来越多，可谓让人应接不暇。比如，20 年前开始发展起来的电商余温还在，移动互联网又开始火起来了，随之而来的就是社群营销，而最近的短视频营销和直播带货更是风头正盛……然而，我们却发现，东西越学越多，反而感觉越学越乱。为什么会这样呢？原因其实很简单，因为我们学习的，只是知识和方法，而知识是不断更新的，方法也是不断变化的。那么，有没有一个东西是不变的呢？当然有，这个东西就是规律。所以，与其学习方法，不如掌握规律；与其升级技术，不如改变思维。只要掌握规律，那么不管时代怎么发展，我们也都能够紧随潮流，甚至引领时代；只要改变思维，那么不管知识如何更新，技术如何升级换代，我们也依然能使其为我所用。

所以，这一部分的内容，笔者将与大家分享如何更好地掌握规律以及改变思维，并手把手教给大家一套可操作的系统性方法，形成线上线下的整体布局，最终实现企业业绩的倍增。

## 一、消费的基本模型——目标与场景

我们都知道，任何一款产品突然火起来，肯定不是无缘无故的，背后一定有深层的原因，而最直接的原因，就是消费者有需求。所以，如果要想把产品销售好，首先需要做的，就是研究消费者的需求，也就是他们为什么要使用这些产品，比如，使用了之后会带来什么好处，不使用又会带来什么损失，等等。把这些问题研究清楚之后，就会大概知道我们开发的产品到底有没有市场了。可以说，无论时代怎么变化，其消费的基本模型结构是不会改变的，过去没有变，现在没有变，未来也不会变。

那么消费者的消费模型主要有哪些呢？在笔者看来，主要有如下两种。

（1）目标型消费。所谓目标型消费，就是有目的、有选择的消费，也可以叫“理性消费”。比如，你今天出去逛街也好，逛商场也好，都是带着目的的，要么想买一件衣服，要么想买一双鞋，而且不是随便的一件衣服或一双鞋子，必须买你喜欢的那个品牌。确定了这个目标之后，再对那些卖家给出的价格进行对比。如果这个时候，有一个卖家正在搞活动，价格比较优惠，那么你自然就在这家购买了。

这一点在电商时代也是一样的，比如每年的“双十一”购物狂欢节，大家也都带着明确的目标，登录各家电商网站，搜索自己所需的产品，然后进行价格对比，选择自己能够接受的价格购买。我们也可以叫这种方式为“人找货”的模式。

（2）场景式消费。所谓场景式消费，指的是消费者原本并没有消费的打算，但在某种氛围下，做出了消费行为，也就是说，消费者的消费行为是带有随机性的，所以也可以叫“感性消费”。比如，你今天出差时，到了机场之后，发现离登机的时间还早，于是就逛一逛机场的书店，发现了一本好书，就买了下来，坐下来开始看书时，突然觉得有点困，于是便到咖啡店喝了杯咖啡；等公事办完后，返回时，到了机场，发现礼品店卖的地方特产很好，就又顺便买了一些，带回来送给家人或者客户。最后你才发现，自己出了趟差，原本只是单纯去办点公事，并没有想过要买什么东西，结果是走的时候不但买了书，还喝了咖啡；等返回时，又大包小包地带回来一大堆地方特产。这实际上就是典型的场景式消费。包括现在的直播带货，都是“货找人”的模式。

其实，仔细想想，在日常生活中，上述的这两种消费模型，一直伴随着我们，而且是交融并存的。比如，很多女孩子应该有这样的体验，今天本来打算跟闺密一起去逛街，然后顺便买双鞋的，结果买完鞋之后，又进了旁边的一家服装店。其实，你本来也不想进去的，只是路过那家服装店门口的时候，正好看到门口挂着几件新款服装，感觉很不错，就多看了两眼，然后又想试穿一下。等试穿之后，导购员说这件衣服穿在你身上，比模特还漂亮，你听了之后，便毫不犹豫地买单了。

这种情况可以说相当普遍，很多人出门购物的时候，本来预算是消费 1000 元，结果一不小心花了 3000 元。而在电商时代，这种情况就更多了，本来你只是想到网上淘一双鞋，结果等你打开网页之后，便弹出大量其他产品的广告图片，而且这些都是你平常比较感兴趣的产品，于是便不由自主地点进去看看，看完了之后觉得不错，于是果断拍下……拍到最后，你才发现，本来想买的鞋子却还没有拍。

而有网购经验的朋友，大概已经发现了这个现象，那就是不管你登录哪个电商平台，首页弹出的产品广告，都是符合你的口味，让你产生兴趣的产品，这是因为这些电商会在后台根据你过去的消费习惯，然后专门针对你的偏好而推出的广告。所以，电商时代实际上也是场景式消费和目标型消费的大融合。

当然了，随着移动互联网的飞速发展，场景式消费所占的比例已经逐步提升。比如，当你闲着无聊，想刷个短视频寻开心时，却往往看到视频里面有一大片果园，果园里面有好多水果，看完之后，你的食欲被激发了，于是就顺手下了个单。而这种短视频营销，实际上就是场景营销的线上升级版。当然我们把这两种消费模型都搞明白之后，接下来就很好玩了。要知道，真正的销售高手，一定是把目标型消费和场景式消费融合起来的，做到这一步之后，你就可以达到“不销而销”的境界了。

那么，什么叫“不销而销”呢？笔者先举一个例子，我的一位客户，他是做教育培训行业的，这几年因为新冠肺炎疫情的关系，很多人都在上网课，于是他在开网课的同时，还顺便卖了口罩、护目镜、消毒酒精等，而且生意很好。这时，你可能就会产生这样的疑问：一个做教育培训的机构，去卖这些日常的防护设备，是不是有点不专业？当然了，你的疑问是有一定道理的，毕竟在我们的传统观念中，向来都是由专业的人干专业的事。然而我们也要明白，未来的消费模式，不是以行业划分，而是以人群划分的。所以，当你把自己服务的人群搞明白之后，就可以通过各种渠道，销售不同的产品，从而让你的业绩快速增长。

而在这方面做得最成功的，就是亚朵酒店。我们都知道，一般的酒店，绝大多数的利润来自住宿和餐饮，但在亚朵酒店，却有30%以上的利润来自酒店房间里面的销售渠道，其所销售的产品小到台灯、杯子、毛巾，大到桌子、床垫等，而且可以线上下单，包邮到家。可以说，亚朵酒店的这种销售模式，就是目标型消费和场景式消费的完美结合。

总之，消费的基本模型结构不会随着时代的发展而改变，而销售模式却可以根据不同的消费群体进行调整。正所谓法无定法，只要能够满足客户的需求，把产品销售出去，就是好的销售模式。

## 二、销售的真相——厘清三个层级

在前面的内容中，笔者已经跟大家分享了消费者的两种基本模型，接下来我们将继续深度分析消费者为什么要消费，也就是销售的真相到底是什么。

在传统的销售行为中，作为销售人员，我们一般都会先把产品信息介绍给消费者，先让消费者接受、了解、信任我们的产品。可以说，为了提升业绩，我们一直拼命地把产品介绍给客户，拼命地去卖产品。但是，我们有没有思考过这样一个问题，那就是我们到底是把产品卖给客户，还是在帮助客户买感觉？这个问题虽然表面上看起来无关紧要，但实际上是营销的精髓。

其实，在我看来，任何一款产品都只是一个载体，这个载体背后带给消费者的，则是一种感觉。比如，某个世界知名品牌的包包，如果单单从功能和原材料的角度来看，其成本也就 100 多元，而且任何一个同业的厂家都可以制造出来。但是，一旦在上面贴上某个标签之后，不管H，还是LV，它的标价就可以高达几万元，而且有人抢着去排队购买。那么，为什么消费者会花重金去买一个名牌的包包呢？其实，原因很简单，因为消费者看重的，恰恰是那个标签，因为那个标签代表的是高端和尊贵，是一种身份的象征。

从马斯洛需求的角度来看，人最基本的需求是生存，也就是生理层面的，接下来是安全层面，再往上是社交层面，然后是尊重层面和自我实现层面，消费者觉得自己带上这样一个包包，就能够赢得别人的尊重，能够在一定程度上证明自己的价值、能力和地位。这才是消费者购买奢侈品的真正原因。所以，销售的真相，实际上由卖产品的成分、卖产品的效果和卖产品的感觉三个层级组成。

（1）卖产品的成分

什么叫卖产品的成分呢？打个比方，如果你卖的是化妆品，你在给客户介绍产品的时候，肯定会说，这款产品里面含有哪些成分，比如人参、何首乌等，这些成分的价格越昂贵，客户就会觉得这款产品越好用，这就是卖产品的成分。但是，我们一定要明白，如果我们只是卖产品的成分，那是永远卖不了高价的。

（2）卖产品的效果

这个大家应该比较好理解了，既然是效果，那就是看得见、摸得着的。比如，客户用了我们的产品之后，会有什么样的效果，尤其是使用之前和使用之后，到底有哪些差别。可以说，大部分的客户，就是怀着对效果的期待而消费的。比如，肤色不好的客户，肯定期待你的这款产品能够帮她起到美白的效果；脸上有痘痘的客户，肯定指望你的这款产品能够帮她祛痘。此外，还有抗衰、减肥、助眠等。一般情况下，只要客户对你比较信任，而且也真的能够看到效果，那么你的业绩和利润就会持续增长。

（3）卖产品的感觉

卖产品的感觉，这个就很有意思了，我们都知道，这个“感觉”是可有可无，而且可大可小的。比如，有三位销售员，给客户推荐同一款化妆品，话术如下。

第一位销售员这样对客户说：“张姐，您只要用了我们这款产品，保证让您一下子变得更漂亮、更靓丽，当您走在大街上时，回头率即使没有100%，至少也得有90%。”

第二位销售员这样对客户说：“张姐，您只要用了我们这款产品，保证让您一下子变得更漂亮、更自信，您很快就会成为单位里的明星，说不定还会成为领导身边的红人呢！”

第三位销售员这样对客户说：“张姐，您只要用了我们这款产品，保证让您秒变天仙，您的老公以后再也离不开您了！”

那么，从这三位销售员的话术中，我们读出了什么吗？其实就是感觉，是不是？只要感觉对了，客户就买单，至于她走在大街上时，回头率到底有没有 90%，或者她有没有成为单位里的明星，又或者她的老公是不是真的从此离不开她，虽然跟她是否使用这款产品有点关系，但更多的因素，还是取决于她自己。但是，你能说这种感觉不靠谱吗？实际上，很多客户，就是因为有了这种感觉，才变得更加自信，然后变得越来越优秀。

如果你因为变得更美丽、更自信，你的老公愿意经常带你出去，因为老公带你出去觉得有面子，那么你觉得，这种感觉值多少钱？你的家庭和谐值多少钱？

如果让你变得更美丽、更自信，你的孩子在你接他放学的时候，他就可以跟他的同学们去炫耀，你看看我妈妈什么什么样，这种让你的孩子变得更自信的感觉，你觉得值多少钱？我相信有一些女人听我这么说完了，是会觉得只要力所能及都可以去付出的，因为这是她们内心的一些诉求，所以说感觉才是人们购买的真正动机。

再举一个例子，在我的客户中，有很多是做教育培训的，前几年这个行业还不错，利润也比较高。但这两年，生意却越来越难做了，因为新冠肺炎疫情的原因，很多实业都不景气，所以大家都想搞培训，这样一来，竞争就越来越大了，同样的项目，前几年时，年卡是 10000 元；现在隔壁又开了一家，年卡 8000 元；再过几天，隔壁的隔壁又开了一家，年卡 6000 元……这日子真的是越来越难过了。

在这种激烈的竞争环境下，如果你卖产品的成分，你说你们家的老师很专业，店面装修很好，也就是教学条件很好。这样一来，如果隔壁的年卡卖6000元，你最多也就卖到7000元。但是，如果你卖产品的效果，告诉家长们，孩子只要经过你的培训，专业技能会越来越扎实，以后可以考虑报考这方面的院校。这样的话，你的年卡就可以卖得再贵一点，至少可以卖到8000元。最后，你还可以卖感觉，也就是经过你培训之后，孩子以后参加比赛，很容易获得冠军。这样的话，你的年卡就算是卖到10000元，也仍然会有家长给孩子报名，因为所有的家长都希望自己的孩子参加比赛时，能够获得冠军。

所以，不管我们销售什么产品，与其跟竞争对手大打价格战，不如花点心思，将感觉卖给客户。因为当我们的产品能够带给客户想要的感觉时，我们自然也就成为成功的销售员，其业绩会越做越好，利润也会越来越高。当然，客户的满意度也会越来越高。

## 三、会销成功的秘诀——掌握好三大要点

在前面我们已经说过，这一部分的内容，主要讲的是“一对多”的销售战略。那么，“一对多”的载体是什么呢？实际上就是会销。所以，在这一节里，笔者就跟大家分享一下会销成功的秘诀，只要掌握了这些秘诀，我们前面的道路就会越走越宽了。

### 1. 建立信任

大家还记得笔者在前面分享“一对一”销售的时候，是怎么教大家与客户建立起信任关系的吗？首先我们要拼命去了解客户，让客户觉得他被了解、被关注，然后我们才能跟客户产生联系，进而产生情感上的交集，最后通过给客户提供一些额外的服务，使关系再次升级。

会销虽然也是“一对多”的销售模式，但要想获得成功，同样要先与客户建立起信任的关系。只是在这个模式中，我们更强调相互了解，

不仅是我们要了解客户，更重要的是让客户了解我们，包括了解我们的公司、了解我们的产品，以及以往的成功案例。所以，在会销前，我们需要制作一些精美的短视频，让客户通过这些短视频，对我们有一个大概的了解。值得一提的是，既然是短视频，时间就不要太长，最多5分钟就可以，因为大家的生活节奏都比较快，如果视频太长的话，就会很少有人耐心看完。

当然，如果想让客户仅仅通过观看视频，就能够对我们产生信任，也不太现实，所以，在会销的过程中，就需要我们对信任进行传递，也就是通过与老客户的互动，取得新客户的信任。在这方面，我们会在后面进行详细的介绍，手把手教大家如何去操作。

总之，在会销中与客户建立信任关系，主要有两个方法：一是通过一些宣传片让新客户来了解我们，我们也要通过与客户的交谈，去了解客户，通过相互的了解来建立彼此的信任关系；二是借助老客户或者媒体对我们的评价，使新客户对我们产生信任。

**2. 影响思维**

在会销的过程中，我们就是主角，其他人都是听众和参与者。既然是主角，我们就要把自己塑造成强者的姿态，因为人们只愿意追随强者。当然了，也有一些人会扮演起弱者的角色，然后利用别人的同情心达到成交的目的，但这是很难长久的。只有强者的姿态，才会有更多的人愿意追随你，才会让你走得更远。打个比方，我们要举办一场招商会时，对外的宣传肯定是我们公司的发展势头非常好，产品也深受客户欢迎，这样别人才会追随你；相反，如果你说我们的公司目前正在面临困境，已经被竞争对手打压得很难生存下去了，希望大家能够伸出援手，让我们能够补发拖欠的员工工资，虽然会博得大家的同情，也会得到一些援助，但我们要知道，“追随”和“援助”是两个截然不同的概念。更为重要的是，追随可以是一辈子，而援助可能只有一次，或者两次，不可能是永远，是不是？

那么，我们要如何打造强者的姿态，进而让客户永远追随呢？这就需要我们在思维的层面上，对客户施加影响。而要做到这一点，必须具备这样三个条件：第一，看问题比别人更有深度；第二，看问题比别人更有广度；第三，看问题比别人更有前瞻性。当然，这些能力的培养，是需要我们通过不断而广泛地学习才能够具备的，比如政治、经济、文化、历史、艺术、科学等，我们都应该有所涉猎，这样我们的眼界就会不断得到提升，就可以从多个维度去看待任何一个问题。

**3. 创造需求**

当我们具备影响别人思维能力的时候，当我们能够让别人觉得你确实比他更优秀的时候，当我们能够让别人真心实意地愿意追随你的时候，离成交就只有一步之遥了，而这一步就是创造需求。

这两年来，因为疫情的关系，很多的线下销售受到影响，但只要改为线上就还有机会和希望，比如格力电器，原本并不太注重线上销售，但疫情发生后，就转向开发线上的客户，为此董明珠还亲自上阵，直播带货。这是一些适合转换销售形式的行业，但是，一些服务行业，遇到这样的情况就没有办法了，比如我有一个客户，原来是开养生馆的，这个行业怎么转到线上呢？你又不能隔空给客户做按摩，是不是？客户无奈，只有找到我，问我应该怎么渡过难关。我当时建议他，可以在线上卖一些泡脚的中药包。这时，我们又面临这样一个问题，那就是如何给客户创造这个需求。我当时首先想到的是，现在的很多年轻人，平时因为工作太忙，没有多少时间在家里好好陪父母，现在是时候向父母表达一下自己的孝心了。而且，对于有孩子的家庭来说，也正好可以给孩子做一个榜样。

之后，我们就在线上推出一个足疗的教学活动，既有直播，又有短视频，最后客户在学习并掌握了一些基本的足疗手法后，再向他们推荐泡脚的中药包。结果，只做了几期活动，那些产品就被抢购一空。

通过这个案例，大家发现了没有？我的那位客户自始至终，都没有给客户介绍产品，只是在开展一系列的活动之后，才适时推荐，就把这些产品都卖出去了。其实，做会销也是同样的道理，我们根本不需要花大量的时间和精力去介绍产品，只要我们能够取得客户信任，然后再对客户的思维施加影响，自然就能够把客户的需求创造出来。而一旦把客户的需求创造出来，那么对产品的介绍，只需要花几分钟就可以了，甚至很多客户都来不及听你介绍，就已经下单了。为什么呢？因为他信任你，愿意追随你，而且又有需求，那他不下单，还等什么呢？

总之，所谓“穷则变，变则通，通则久”，只要我们愿意学习，愿意摸索，就没有什么困难能够真正难倒我们。

## 四、会销成功的规律——掌握好四大步骤

我们已经讲了会销成功的三大秘诀，也就是建立信任、影响思维和创造需求。而接下来的这一节，我们将进一步探讨这三大秘诀背后蕴含的规律。也就是说，在第三节中，我们的重点是“知其然”；在这一节中，我们的重点则是“知其所以然”。又或者说，所谓秘诀，更多强调的是个性，这也是很多成功的方法无法复制的原因，毕竟每个人的个性是千差万别的，适合别人的方法，并不一定适合我们；而所谓规律，更多强调的则是共性，这也是很多成功的规律我们可以拿来复制的原因，因为规律是永恒不变的，而且是接近真理的。所以，如果说方法是“术”的话，那么规律就是“道”，只要我们能够“以道御术”，自然就能无往而不胜。

那么，会销成功的规律，又体现在哪里呢？在笔者看来，同样需要掌握好四大步骤。

**1. 增强信任感**

信任感是所有会销成功的共同规律，也可以说是最重要的一个内容，因为无论你在台上表现有多好，就算你能把死的说成活的，但如果客户对你没有信任感，那么一切都是零。在第三节中，我们已经分享过建立信任的方法。接下来，笔者将与大家重点分享如何去增强这种信任感。

（1）背书。比如，你的公司获得某些知名机构的相关认证，或者由某个知名的公众人物代言，这些信息一定要让客户知道。因为这些信息都是实力的证明，而客户想要跟你合作，首先要考虑的问题，就是你的公司到底有没有实力。如果客户认定你的公司是有实力的，那么他就有安全感了，而安全感恰恰就是信任感的基础。

（2）客户见证体系。这一点可以说相当重要，毕竟从中小企业的角度上来讲，自己的品牌还谈不上有多知名。比如，你的公司是卖化妆品的，虽然产品质量很好，但如果跟兰蔻、海蓝之谜、雅诗兰黛等大品牌相比，其知名度肯定远不如人家，也不可能像这些公司那样，动不动就拿出几千万元来做广告。可以说，不管是在知名度上，还是在财力上，或者是在宣传的力度上，都不如人家。但是，我们可以通过老客户把品牌建立起来，也就是让我们服务过的老客户告诉别人，我们产品的质量到底怎么样，我们的服务水平到底如何。

所以，无论你经营的是哪一类产品，也不管你是做 B 端还是做 C 端，在品牌还没有多少知名度之前，一定要建立客户见证体系，并通过这个体系把自己的口碑建立起来。至于方法，当然也是很多的，最简单的就是图文介绍，比如像我们三度集团的客户见证体系，就是客户跟我们合作之前是什么样，合作之后又是什么样。经过前后一对比，效果自然就显现出来了。

如果你是卖产品的，你就要告诉大家，你的产品帮助多少客户改变了什么，给他们带来什么样的成果；你要告诉你的合作方，你的项目给别人创造了多少财富，这样别人才会愿意跟你合作。其实，真正的信任感，恰恰来自老客户的见证。在这一点上，大家有机会的话，可以来参加我们三度集团的线下会议，你会发现，有太多的老客户主动到台上来分享，为新客户介绍我们的产品、实力和服务。

所以，在“一对多”的会销过程中，无论是线上还是线下，你一定要选一些铁粉、钢粉，让他们现身说法，因为真实的人的真实经历最有说服力，也最容易建立起信任感。

**2. 提升参与感**

在现实生活中，只要我们稍微观察一下，就会发现这样一个现象，如果哪个地方有歌星举办演唱会，那么门票的销售一定会相当火爆，而且越贵的门票越难买。为什么会这样呢？毕竟现在已经是移动互联网时代，不管你想听哪首歌曲，只要有网络和手机，无论何时何地，你都可以听，根本没有必要非得花大价钱，而且得专门跑到演唱会现场才能听得到。但是，为什么还是有那么多的歌迷，拼了命也要到演唱会现场去，而且一定要抢那些最昂贵的票呢？其实，原因很简单，因为最昂贵的票，离明星最近，也最方便与台上的明星进行互动。

很多喜欢听相声的朋友，如果在北京的话，也都会相约一起去德云社现场听郭德纲的相声。因为郭德纲的相声和传统相声最大的区别，就是跟现场的观众进行互动，让观众有参与感。正是这种参与感，让观众觉得自己不仅是相声票友，而且是参与其中的主角。

再比如，以前我们出去旅游的时候，在一些旅游景点的墙上，也经常会看到“某某人到此一游”的签名涂鸦，虽然这种做法有损公德，国家有关部门也已经明令禁止，但这种行为，实际上也从侧面体现出了人们的某种存在感和参与感。在他签下自己大名的那一刻，他就会觉得自己跟这个景点是有关系的。

这样，我们就不难明白，很多会议要设计一块签到墙的原因了，因为当参会者在这块墙上签名时，客户就会觉得这场会销是为他而办的。当客户觉得自己也是这场会销的主角时，就会愿意追随我们，甚至主要与我们成交。如果我们再搞一些抽奖、分组 PK 之类的活动，现场的氛围就会更加热烈了。

而当一个会场足够热闹，客户的参与意愿也比较强烈的时候，那么这个会场的成交量肯定也不会差。

**3. 塑造价值感**

在很多会销上，很多人虽然都知道传递产品的价值，但绝大多数人对于产品价值的认识，却仍然只是停留在产品的成分有多好、花了多少钱投资、研发成本有多高等方面。也就是说，对于产品的价值，只强调自己投入了多少，却很少站在客户的立场上，或者从客户需求的角度出发，给客户传递产品所蕴含的价值。

其实，要传递产品的价值，我们首先要塑造价值感，而价值感的核心，就是对标。比如，你经营的产品是实物，看得见、摸得着，包括这款产品由哪些成分组合而成，都写得清清楚楚。这个时候，你可以找一个竞争对手，然后将你们的产品进行对比，这个价值自然就一目了然了。但是，如果你的产品是虚拟的，比如大家现在正在阅读的笔者的这本书，它的价值应该是多少呢？如果从出版商的角度来定价，肯定根据印张数量、纸张种类、印刷方式等来定价，但这个定价能体现出这本书的真实价值吗？这就取决于你如何来看待这本书了，如果你把它买回去之后，就束之高阁，或者只是随意翻翻，并没有深入地学习，那么这本书就不值这个价。但是，如果你不仅认真阅读，而且根据书中介绍的方法去实践，假如你把其中的一个方法用好了，让你公司的业绩翻番，那么这本书的价值就远远超出它的定价了。

所以要注意的是，在为产品寻找对标物来展现产品价值时，实物的价值可以拿数据来对比，而虚拟的价值一定要用潜在的可能性去对比。那怎么比呢？这就看你如何去塑造价值感了。可以说，你赋予它什么样的价值，它就是什么样的价值。当然，如何让客户来认同这个价值，就看你如何去策划和营销了。

**4. 营造紧迫感**

在上一个步骤中，我们谈到了价值感，这是会销成功的关键因素。如果说客户对我们的信任感让我们成为朋友，客户在会销活动中的参与感让其更了解我们的产品，那么客户所认同的产品的价值感就是决定他成交的因素了。但是，在实际的会销过程中，却经常会有这样的情况，客户对我们很信任，对我们的产品也相当了解，对我们赋予产品的价值感也很认同，但就是迟迟没有成交。为什么会这样呢？其实，原因很简单，就是客户没有紧迫感。毕竟客户来参加我们的会销，不同于他上医院看病，或者去药店买药，如果那个药他晚买一天，他的痛苦就会多增加一天；而我们的产品虽然很好，但他晚买一天，好像也没有什么损失，或者即使不买，他的生活也照样继续。实际上，我们在现实的生活中也会遇到这样的情况，比如你学完驾照后，本来想马上买一辆车，但跑了几趟4S店之后，正想把自己看上的那辆车定下来，这时家里突然需要额外支出一笔开销，于是你就想等下个月再买车。但到了下个月之后，你又决定，还是等到明年攒更多的钱后再买……就这样，你一拖再拖，最后并没有买车，生活也照样过着，而且也没有觉得有什么不方便的地方。但是，如果当初在你打算下个月再买的时候，4S店的业务员突然告诉你，你看上的这款车是限量版，以后这款车不会再生产了，而且现在的优惠力度也是有史以来最大的，如果等到下个月，这款车还能不能买到就不好说了，即使能买得到，估计也没什么优惠了。你一听，既然这样，那还是赶紧买下来吧。

所以，决定客户成交的临门一脚，就是给客户一种“过了这个村就没这个店”的紧迫感。也就是说，在会销上，一定要把限时、限量、限优惠、限区域、限人群等氛围营造出来，赵东玄老师管这个叫“五限法”，总之就是让客户觉得在今天的会销上，价格最合适，优惠力度最大，而且限名额，比如，前10名是什么奖励，前20名是什么奖励，前50名是什么奖励，等等。当你把这种紧迫感营造出来之后，你就会发现，会销现场出现了一个十分壮观的画面——刷卡机的前面排起了长队。

总之，促使客户成交的这临门一脚，不仅需要你去营造，更需要你去推动。如果你不去推动，客户就会原地踏步；如果你去推动了，客户自然就会往前走。所以，一场会销下来，当你把前面的工作都做到位之后，千万不要忘了这临门的一脚，因为如果少了这一脚，虽然不至于前功尽弃，但至少谈不上完美。

## 五、四两拨千斤——让老客户带动新客户

在开始分享这一节内容之前，笔者必须先强调一个观念：要想让公司的业绩快速实现倍增，就必须将公司的销售模式，从“一对一”的销售尽快升级到“一对多”的销售。

其实，通过对第一部分内容的学习之后，大家应该已经知道，通过“一对一”的销售模式，要想轻松而且快速地实现业绩翻番，实际上是很难的。因为“一对一”的销售，主要依赖于个人的销售能力，而一旦依赖于个人的能力，就很难去实施人才的复制。笔者在做咨询的时候，曾服务过一些大公司，公司高管经常会跟我聊一个问题，就是所有的门店中，业绩最好的基本上都是店长，只要店长优秀，这个门店的业绩就很好；如果店长能力不强，这个门店的业绩就很一般。这就意味着个人能力的高低是一家门店业绩好坏的关键。笔者相信大家也会有这样的担忧，那就是能力强的人才，经常容易被竞争对手挖走，随后紧跟而来的，就

是公司业绩的损失。

那么，如何留住这种核心人才呢？大家要去学一下包启宏老师的课程，包老师所讲的股权激励方法，一定能够帮助各位老板锁定自己的“左膀右臂”。顺便说一下，如果通过笔者报名，学费还可以优惠哦。

总之，“一对一”销售的模式，最大的好处是人与人之间的交流比较深入，情感联结比较强，持续性比较长，其局限是很难让业绩快速增长，而“一对多”的销售模式，则完美地解决了这个问题。

比如，你今天把 100 个客户约过来，无论是老客户还是新客户，这 100 个客户在听你宣讲，即使你没什么经验，只要你按照笔者即将和你们分享的逻辑，一步步地践行，相信成交率就不会差到哪里去。我自己就亲身经历过，之前从来没有去体验过产品的新客户，现场成交率竟然达到 70%。这背后的逻辑是什么？其实，这就是“一对多”销售模式体现出来的绝对优势。

再举个例子，如果你公司旁边有一家小饭店，你经常去那里吃饭，你也蛮喜欢那里的饭菜的味道。那么我想问一下，假如这个小饭店在某一天去做一个办卡充值的活动，你有没有可能办卡？是不是有这个机会？当然了，你办卡的可能性取决于这家小饭店的优惠力度，比如平常吃一顿饭花 20 元钱，你办卡之后就只需要 15 元钱，那你是不是就很有可能去办这张卡呢？

其实，你作为老客户，办这张卡也是很正常的。接下来重点来了，假如某天你公司有个新同事刚刚入职，你们聊得很好，到中午时，你要带他出去吃饭，他会不会跟你走，我想大概是会的。等你们吃完饭后，你再跟同事说："这顿饭我请你吧，我正好有卡，刷我的卡，每个人可以省 5 元钱。"如果那位同事对这家小饭店的饭菜也很满意的话，第二天他肯定还会光顾，而且会回请你。当然，为了省钱，他也会和你一样，去办一张卡。

而在这个过程中，对于那家小饭店的老板而言，他跟你的这个新同事在此之前没有过任何的接触，却因为你对他的满意，而使他一下子多了一个忠实的客户。

所以，从这个案例中，我们可以明显地看出"一对一"销售和"一对多"销售的根本区别："一对一"销售，主要是通过专业能力和沟通能力，建立起客户的信任关系，从而让客户买单；而"一对多"的销售，则是通过老客户对我们的信任，影响新客户去买单，这既节省了大量的沟通成本，还可以使业绩快速增长。

下面我再举一个我们操作过的案例。

有一个羽毛球馆做了一场会销，当时来了近 400 个人。在这些人中，其中有 200 多人是老客户，有 100 多人是新客户，当天老客户续单率有 95% 以上，新客户成交率也达到 70%。而在此之前，这些新客户从来没有到过这家羽毛球馆。从这里我们可以看出，这 70% 的新客户，实际上是被老客户给带动进来的。

如果换作过去“一对一”的销售模式，要让这些新客户办卡，就得一个一个邀约，然后安排教练上体验课，之后又进行“一对一”的沟通。总之，至少要忙上半个月到一个月才能签下这么多的单子。但现在一场会销下来，只需要一天的时间就全部搞定了。

所以，会销的背后实际上就是“一对多”的销售模式，只要我们把老客户的信任感建立起来，这些老客户自然就会去带动更多的人，让更多的人成为我们的客户。

## 六、会销的基本步骤——掌握好四大步骤

要举办一场会销，并不是一件很容易的事；而要举办一场让效果立竿见影的会销，更是需要精心策划，并需要整个团队齐心协力，共同完成。总体而言，要举办一场完美的会销，一定离不开下面的四大基本步骤。

### 1. 至诚邀约

这一步实在是太重要了，在笔者看来，一场成功的会销邀约，一定也是会销能够完美收官的最重要环节。在我辅导过的所有会销案例中，无论是线上的还是线下的，不管是成功的还是失败的，都可以从“邀约”这一步找到最直接的原因，可以说“成也邀约，败也邀约”。所以，要想使会销获得成功，就必须在邀约上下足功夫。只要把这一步做好了，在后面的环节中也不出什么太大的问题，会销的效果就肯定差不了。

那么，邀约为什么如此重要呢？原因其实很简单，无论你的会销是

在线上举办还是线下举办，如果没有人来，最后怎么成交呢？尤其是做线下的会销，需要投入很大的成本，如果没人来，或者来的人不够，那就比较尴尬了。笔者就曾经遇到过这样的事。那个客户刚开始跟我们谈合作的时候，说他要做一场线下的会销，大概能邀约到200个客户。我们敲定合作方案后，就开始忙开了，等万事俱备后，在临开会前一天，他却跟我们说：“明天能够到会场的可能不到200个人，大概只能到120人。”我们当时听了，虽然觉得没有达到预期，有点遗憾，但能够来120个人，还算是不错的。然而，第二天开会时，真正到会场的，却只有20多个人。这种巨大的落差，相信大家也是可想而知的，因为我们前期的会场布置，都是按200个人的标准设置的，所以定了一个600平方米的酒店做会场。结果，只来了20多个人，你可以想象一下那是一个什么样的场面。而在这种情况下，即使成交率再高，又能有多大的成交量呢？再说，要想让客户在会场成交，必须有一个热闹的氛围才行。

我经常打一个比方：做会销跟开火锅店差不多，人气越旺，生意越好，到了饭点时，越是门口排起长队的地方，人们就越愿意去；越是人气清冷的地方，就越不会有人去。为什么呢？因为吃火锅时，我们注重的是人与人之间的情感交流。打个比方，如果是正式的商务宴请，你肯定是不能把客户带到火锅店去的，因为越是正式的场合，就越是需要一个相对安静的地方。但是，如果是家人和朋友之间的聚会，就经常会到火锅店去，因为人多的火锅店轻松热闹的氛围更容易拉近双方的距离和感情。而我们做会销，实际上就是我们为客户举办的大聚会，而这个大聚会，当然是人气越旺越好。

我们可以想象一下，如果有一个火锅店，里面有20张桌子，但在饭点的时候，却只有两桌客人，不管这个火锅店的口味怎么样，你肯定不想进去；相反，像海底捞这样的火锅店，即使每次去都需要排队，你也仍然愿意等。而这里面的差别，实际上只有人气的差别。

所以，当我们要在线下举办会销时，如果你觉得能够邀约到200个人，但你是第一次举办这样的会销，还没有什么经验，那么我建议你把这个会场预定到100人左右就可以了。因为实际的到场率，肯定会跟你的预期不一样，你的目标是邀约200人，可能实际确认下来只有150人，到了当天说不定才来了100多人，这样就正好。如果来的人更多，出现了排队的情况，就正好把人气的氛围烘托出来，效果也是不错的。

**2. 会务管理**

对于会务管理，我在这里需要强调一个点，一定要有一个全程的总指挥。关于这一点，我在后面还会做一些详细的介绍，因为无论是人员的分工，还是物料的准备，或者是现场的安排，包括应对一些突发情况，等等，都需要有一个总指挥来全程掌控。所以，我们决定要举办会销时，无论是线上还是线下，都要有一个人，对所有的事情负责，这样才能把一个会务管理好。

在我看来，一场完美的会销，并不是把客户聚起来之后，让客户听一个人在台上讲，讲完之后就开始成交。如果真的那么简单，就根本不需要我们来辅导了。实际上，会务管理的核心在于统一协调，只有这样，才能使主办方真正掌握会销的进展节奏，最终促使客户成交。

**3. 现场执行**

关于现场执行，在后面的内容中，笔者还会详细地介绍整个流程设计。在这里，我首先要提示一下，这里面有一个非常重要的东西叫“节奏”。也就是说，现场执行要有节奏感。那么，什么是节奏感呢？打个比方，我们去看演唱会时，如果大家从头到尾都处在兴奋的状态，虽然你会觉得很热闹，但是会把人搞累。所以，真正好的演唱会，一般都是大部分时候是歌手在台上唱，歌迷们静静地聆听，只有在某几个时段，让歌迷们参与一下，来个大合唱，或者让歌迷到台上与歌手进行互动。

我们举办会销，也是同样的道理。打个比方，如果你的会销要举办两天，那节奏就非常重要，要做到一张一弛，既要把客户的兴奋点给调动起来，让客户参与进来，也要让客户适当休息，千万不要让客户觉得很劳累。当然，这里面就需要对整个流程进行设计了，包括多长时间设计一个小高潮，多长时间设计一个大高潮，在大高潮的时候又如何把成交铺垫出来，这些都需要进行精心的设计，并在现场进行掌控。

**4. 跟进服务**

一场会销举办下来之后，不管到场的客户有没有成交，我们都要跟进，并做好服务。对于那些已经成交的客户，要尽心尽力，做好售后服务；对于那些没有成交的客户，也要积极跟进，弄清楚他们没有签单的原因。

总之，只有我们把后续的服务做好，老客户才会愿意给我们转介绍新客户，而老的代理商也才有可能升级成为你的合伙人。这样，你的事业也才能越做越大。

## 七、会销成功的前提——天时、地利、人和

在战争时代，每一场战役的成败，其背后都有各种因素，比如时机掌握得比较好，或者在地形上占有优势，所谓“一夫当关，万夫莫开”。但有的时候，即使占尽了天时和地利，最终还是被打败了。为什么会这样呢？其实，背后的原因，就是内部出现了问题。对于这一点，孟子在《孟子·公孙丑下》中，曾有过一段精彩的论述，而那段论述翻译成白话文来说就是：“天时不如地利，地利不如人和。比如，有一座小城，它的每一边有三里长，外郭每边有七里。敌人围攻它，却不能取胜。能够围而攻之，一定是得到了天时，但无法取胜，这就说明天时不如地利。然而，有时候，城墙不是不高，护城河不是不深，兵器不是不锐利坚固，粮食不是不多，但守城的人最终却放弃这些而逃走，这就说明地利不如人和。”

其实，会销的成败也是如此，当你要举办一场会销时，如果天时、

地利、人和这三个因素，你都不具备，那就先不要着急，耐心等待时机的到来，除非你想花钱买个教训；如果这三个因素你只占了其中的一两个，最后能否成功就看你的运气了；如果这三个因素全都具备，那么恭喜你，这场会销一定会取得成功。

当然，在今天的会销中，天时和地利属于客观因素，所以在时机还没有到来的时候，就需要耐心等待。在时机到来时，到底在哪里举办最合适，更是需要耐心寻找，多方考察。而在“人和”方面，则属于主观因素，主要取决于你的管理能力。但是，管理能力的提升，并不是一蹴而就的事，需要有一个不断积累和实践的过程。所以，接下来我们重点要分享的，就是天时和地利的条件。

在我过去辅导过的诸多会销案例中，很多人最纠结的问题，主要是地址的选择，比如到底是选择在公司呢，还是在酒店呢？其实，这两者各有各的优势。如果在公司举办，最明显的优势就是更容易建立客户的信任感，因为客户到了你的公司后，自然对你的公司有一个直观的了解，所以更容易对你产生信任感。如果在酒店举办，优势就是选择的余地比较大，可以选择在城市的繁华地段，也可以选择在风景优美的郊区；可以选择高大上的五星级酒店，也可以选择经济适用的普通酒店。至于最终如何选择，还要看会销的产品是什么，以及参会者属于哪类人群。如果展品是金银、珠宝之类的，当然选在城市中心的五星级酒店更合适；而如果是土特产之类的产品，则选在生态环境比较好的郊区更为合适。

当然了，最终选择在哪里举办，还是要根据当时的具体情况来决定，如果说来的是新客户比较多，而且要谈一些招商类的合作，那就最好在公司举办，这样可以向客户展示一下你公司的实力；如果需要去酒店，那就找一个比较大的场地。另外，如果这个会销要举办两三天的话，那就要在酒店和公司两边都安排合适的流程，比如展会在酒店举办，可以安排客户到公司参观。

在举办时间的选择上，其实也是很有讲究的，尤其是只开半天的会，或者是只开两三个小时的会，很多人就比较纠结了，到底是选周末好还是非周末好？选上午好还是选下午好？这时候，我觉得比较理想的时间段，应该是周日的下午，为什么是周日下午呢？因为周五和周六这两天，大部分的客户可能会有些安排，包括一些应酬之类的，而周日的下午则基本上都会待在家里。这时候让他们出来参加个半天的活动，到场率会比较高。

当然，还有一些特殊的会销，大家也可以选择在上午进行。比如，我有一个客户是做食品的，主要经营大米和海鲜。当时，他要搞一个试吃的活动，询问我选择哪个时间段比较合适。我当时就回复他，一定要选在上午，而且最好在 10 点到 10 点半开始。

具体的环节是这样安排的：10 点到 10 点半是签到时间，10 点半到 11 点开始播放宣传片，让客户知道大米是在哪里种出来的，生长周期是多少时间，采用什么样的种植工序；海鲜的产地是哪里，当地的水质如何；等等。待宣传片播完之后，再用20~30分钟的时间进行宣讲，11点半准时把所有的产品都摆上来，让客户开始试吃。

其实，在我看来，这种试吃的体验，并不需要讲那么多内容，关键是要让客户有一个完美的试吃体验，而11点半到12点也正好是午饭时间，参加了一上午的活动后，客户的肚子也饿了，这时候来吃米饭，就算那个米很普通，也会觉得很好吃，更何况他家大米的质量确实很棒。

结果，每公斤70元钱的米，那天几乎被抢购一空，而且后续的销售也节节攀升。

值得一提的是，如果会销举办的时间是两天以上，那么晚上一定要安排一部分内容，让客户晚上也有事可做。实际上，有些环节安排在晚上进行会比较合适，因为晚上这个时间点比较特殊，容易让人打开心扉，比如举办一个纯粹的女性交流会，就比较适合在晚上进行。当然了，时间不要太长，而且要控制好节奏，尽量给客户留下一个意犹未尽的感觉。

## 八、会销成功的保障——掌握海量邀约的秘密

在前面的内容中，我们已经提到过，“邀约”是会销获得成功最关键的一个环节。换句话说，到场的客户越多，会销成功的可能性也就越大。那么，如何才能邀请到更多的客户呢？这就是我们在本节中要重点分享的内容。

其实，要做到海量邀约，并没有什么秘密可言，之所以说是秘密，只不过是核心的部分容易被人忽略而已。实际上，对于客户类型来说，我们可以分成两个维度：第一个叫 2C，也就是面向的是终端使用者；第二个叫 2B，也就是面向商业用户。而我们邀约的重点，应该是 2C；邀约的方法，就是帮客户找开心。在我看来，让客户开心，让客户愿意过来，这比什么都重要。

很多人在邀约客户的时候，往往会犯一个方法上的“错误”。为什么这个“错误”要加引号呢？因为他的做法虽然很对，却没有客户愿意来。

要知道我们邀约的目的，就是要让客户来到现场，而如果客户不愿意来，那么即使你做得再对，也是错的。打个比方，你要举办的这个会销，主要是向客户推荐化妆品，如果你在邀约的时候，直接告诉那些女性客户，让她来体验某款化妆品，或者跟她们说，你要举办一个化妆品讲解的小沙龙。这种邀约方法有没有错呢？当然没有错，甚至可以说是很对。但是，会有多少客户愿意来呢？当然也会有愿意来的，但来的人肯定不会太多，是不是？为什么呢？原因很简单，因为没有新鲜感，所以愿意来的客户，基本上是你比较熟悉的人，也就是买你一个人情而已。

那么，怎样才能成功邀约到更多的客户呢？其实，道理很简单，我们不妨先分析一下，现在的女性对什么话题最感兴趣呢？比如，赚钱，我想只要是成年人，应该很少有对赚钱不感兴趣的，当然女人也不会例外；又如，星座、运势等这些超自然的话题，对于女性的吸引力就更大了。所以，在邀约的时候，我们就可以从这方面的话题入手，比如你可以这样跟她们说："我们要举办一个星座沙龙，大家一起来聊一聊，看看自己今年的运势如何，财运如何。"一般情况下，女性朋友收到这样的邀约之后，肯定会很愿意参加，即使那天她已经有其他安排，也会尽量抽时间参加；相反，如果你采用那种传统的邀约方法，即使她不忙，她也会说很忙。

只要把客户成功邀约到会场，那就好办了，首先好吃好喝地招待着，再聊一聊某个星座的女生，今年会有什么样的运势，对于美又有什么要求；其次对客户的审美能力赞美一番，顺便再带她看看会场的化妆品，哪些是最适合她的。至于接下来她会不会买，那就看会场的氛围了，只要氛围烘托到了，她就不可能不买。

下面我再分享一个案例。

还是那家羽毛球培训的机构，客单价是3000~9000元，年卡是9000元。有一次做会销的时候，来了300多个家庭，当天现场的成交率，老客户达到90%以上，新客户也达到了70%，现场收款100多万元。

那么，这个羽毛球培训机构是怎么做到这样的呢？其实是在邀约上做得相当成功。如果按照传统的邀约方法，无非就是做一个羽毛球的知识培训，或者羽毛球比赛，等等，这样的话，肯定来不了那么多人了。所以，他们当时的做法，就是不提羽毛球，而且连关于羽毛球的半个字都不提，而是安排了一场亲子游戏。至于门票，也只是象征性地收一下，一家人只收19.9元，而且可以免费吃喝，孩子打游戏打通关之后还有奖牌。

我们不妨试想一下，如果有这样的活动，你愿不愿意带孩子去玩一玩呢？肯定愿意去，而且只要你去了，你就有可能买单。

总之，我们一定要明白，要想邀约到海量客户，就必须设计让客户感兴趣的主题，只要客户对这个主题感兴趣，他就会来。只要他来了，不管我们要卖什么，他都有可能会买。

至于2B，邀约的方法跟2C当然不一样了，毕竟2B属于商业合作，也就是投资，所以他更看重未来的收益率。

所以，所有的2B的营销，在邀约的时候，一定是清清楚楚地让客户看到可能性的未来。这个未来，也许是政策上的利好，也许是产品的潜在市场。比如，我有好的营销方法，好的管理模式，可以帮助你把企业经营得更好，这样才能把别人吸引过来。而在这个过程中，主要掌握几个要点：第一，一定要让别人相信你能做到；第二，一定要别人相信你能帮他做到；第三，一定要让他看到未来的前景。也就是说，我们这个角色要做的，就是帮客户找未来。

当然，在实际的会销过程中，一定要把前期和后期利益讲清楚，一般情况下，前期要学会分利润，后期要学会分股权。比如，你有50个代理商，你公司今年的利润做到了1亿元，如果你能把利润的10%或者20%拿出来奖励前5名的代理商，这样就能把这个团队绑得更牢；而到了后期，一定要学会分股分权。大家应该很清楚，现在确实有很多代理商跟一个品牌合作了几年之后，自己去创立一个新的品牌。这样的话，我们不但流失了优秀的代理商，也给自己增加了一个竞争对手。所以，后期一定要通过平台的力量把这些优秀的代理商整合起来。

总之，我们一定要学会帮客户找未来，无论是当下的改变，还是接下来的利润分成，乃至后期的利润捆绑，以及未来的股权分享，其最终的目的，都是让优秀的合作伙伴跟随我们一辈子。同时，通过这样的方式，你才能把大量的邀约做起来。

## 九、会销流程设计——细节决定成败

我们都知道，好的会销会带来好的成交量。那么，一场好的会销，主要体现在哪里呢？虽然说成交量可以反映出一场会销的好坏，但实际上，成交量是“果”，而“因”则体现在流程的设计上。

我们可以试想一下，当一场会销的所有环节都很流畅的时候，那么到场的客户，他们的体验也一定是很美妙的，所以最终的成交也就是水到渠成的事了。相反，如果一场会销举办下来，不是这个环节出了问题，就是那个环节出了问题，比如，要么音响坏了，要么空调不给力，要么体验的产品不够用，虽然这些都是小问题，但给客户留下的感觉就是我们不够专业，那么客户对我们的印象分，自然就会大打折扣。这样一来，要想有一个好的成交量，那就比较难了。

所以，既然我们举办会销是为了成交，那么会销的所有环节，就应该是为成交服务的。也就是说，会销上的任何一个环节，都会与最终的成交息息相关。看过体操比赛的朋友，肯定对细节的印象相当深刻，任何一个运动员，从上场到下场，中间的所有动作，只要有一个环节出现了问题，就可能与奖牌无缘。所以，运动员为了在赛场上确保万无一失，必须全年无休地训练，紧抠任何一个细节，争取将所有的动作都做到完美无缺，这样才不至于让自己的心血付诸东流。

我们做会销也是同样的道理，虽然我们不需要像体操运动员那样辛苦，但对于会销上的任何一个环节，我们都要进行精心准备，并做好预案，以应付各种可能出现的意外。而这些预案，不仅要考虑我们自己内部的，也要考虑客户一方的，比如有人出现身体不适时，应该怎么办？尤其是现在的很多人，都有高血压、低血糖等症状，这些症状往往会在一些特殊的情况下发作，这时候如果我们提前有准备，那就可以轻松应付，否则就会手忙脚乱，甚至把会议的所有流程都彻底打乱。虽然这些问题都是客户的原因造成的，但最终的成交量会告诉我们，我们在一些应急事件的处理上，还存在很大的进步空间。

所以，我们必须确保在所有的环节上都能做到没有后顾之忧，才能将所有的环节都向成交推进。当然了，成交模式可以分很多种，如果是2C，也就是面对终端消费者，一定要收全款，因为我们的客单价并不高，少的几千元，多的也就几万元。如果是2B，因为属于投资，客户考虑的问题是今天自己投了10万元、20万元之后，在不久的将来，能否赚到100万元、200万元。在这种情况下，就不能过于着急，可以先让客户签一个意向书，然后收取一定的定金。

我们在会销上所有的努力，一定都要以成交为导向。也就是说，我们在会销上设计的所有流程，都是为营销做铺垫的。

那么，如何让所有的流程都能为营销铺垫呢？在前面的内容中，我们已经提到过，营销的四个前提：一是增强信任感；二是提升参与感；三是塑造价值感；四是营造紧迫感。在会销流程的设计中，一定要把这些元素融入进去，比如播放宣传片、邀请大咖背书等，都是为了增强信任感；游戏、抽奖、答疑等，则是为了提升客户的参与感；限量、限时、限购等，则是为了营造紧迫感。总之，只要你用心，每个环节都会成为营销的铺垫。

值得一提的是，如果请大咖来做背书时，一定要控制好时间。也就是说，他们的发言，宜短不宜长，而且他们发完言之后，就可以送他们走了，不需要非得把他们留在会场，除非他们自己主动要求留下来。

我以前曾经遇到过一个做电动自行车的客户，有一次，他们策划了一个为期两天的招商会。在这个招商会上，他们按照过去的模式，先请几位领导和大咖发言，每个人发言时间居然有20~40分钟，等这些人发完言之后，一上午就过去了；到了下午，他们又开始公布自己的产品研发战略，这个环节又是2个小时，同样需要一个下午；到了晚上，又搞了一场晚宴。直到第二天，他们才开始介绍新产品。

招商会结束后，我当时就问他们的负责人：“你们这两天搞的招商会，客户都能坐得住吗？都能全程参与吗？”

对方很坦诚地回答：“那是不可能的。”

我继续问：“那开这个招商会的意义又在哪里呢？”

对方听了之后，也说不出个所以然来，只说人家都在开招商会，我们也要开，而这个流程，也是全部参考别人的流程的。

后来，他们跟我们合作后，我们重新帮他们策划了一个招商会，并且在流程上进行了大幅调整，只邀请了一位领导和一位大咖到场发言，这个环节只用了半个小时。另外，请客户吃饭、产品研发报告等这些环节，则全部砍掉。

在互动环节，我们设计了一些很好玩的节目，因为他们的用户很多都是那种小门脸的夫妻店老板，都是两口子过来参加会议的，所以，我们当时就临时设计了一个互动游戏，把一个红苹果挂起来，让两口子互相咬着吃。结果，这些代理商都玩得很开心。玩过了之后，当然要把正式的节目推出来了，就是搞一些充卡返现或者抽奖之类的活动。

结果，那次会销来的150个客户，基本上都有成交，当天就收到了50万元的订金。

更为重要的是，这个招商会下来，只花了不到一天的时间，既大量节省了成本，也大大提高了效率。

还有一次，有一个经营健身馆的客户找到我，说他们要举办一个感恩答谢会，并把他们的流程给我看，我认真看了一下那个流程，有七八个环节之多。

放下那份流程之后，我开始跟他们聊，很快就了解了他们的优势，于是就给他提了一个建议，所有的环节都不需要，只把一件事做好就可以。那是什么事呢？就是健身秀。

我相信很多朋友在电视、电脑、手机上都有看过健美比赛，但是现实版的，可能就很少看到了。所以，如果来个现场健美走秀，肯定会受到很多人的青睐，是不是？

我们的这个建议，很快被健身馆采纳了。所以，那天下午在一个多小时的时间里，那家健身馆都在表演健美走秀。而参与走秀的这些人，也只有 10 个，其中有 8 个是教练，2 个是客户。当然了，在表演的过程中，也会随机邀请现场的一些客户上台跟他们一起表演，主要是模仿他们的一些动作。结果，在这短短的 1 个多小时的时间里，现场气氛一直高潮不断，在场的客户更是热血沸腾。而从客户的表现中，我们可以看出人们对美好身材以及这种动态美感的向往。当人们有了这种向往之情时，接下来的操作就很简单了，利用 10~15 分钟的时间，把健身馆的全部项目做一个介绍，并适时地推荐。

当天他们推出的活动是现场办年卡 2980 元，私教年卡 9800 元。而从成交率来看，虽然来到现场的只有 150 人，但收到的成交款却有 70 多万元，平均每人成交 4700 元。这个成交率，应该是相当高了。而如此之高的成交率，实际上就源于这场健美走秀的魅力。

所以，在会销流程的设计中，我们一定要记住，所有的环节，都是为成交服务的。当你设计的环节能够感动客户时，客户自然就会主动成交，因为从来没有人在被感动之后还会无动于衷。当然，能否在细节中感动客户，就取决于你的用心程度了。

## 十、关键岗位安排——专业的人做专业的事

会销中的关键岗位，当然是总指挥，因为这个角色实在是太重要了。如果说一场会销的成功，需要具备天时地利人和的诸多复杂因素，但如果要想让一场会销失败，只需要让总指挥这个岗位出现问题就可以了。

我曾经辅导过苏州的一个客户，是做产康服务的，这个品牌叫苏美。在跟我们合作之前，他们每个月能举办一场50~100人的会销，每场会销能收50万~60万元。这样的业绩，应该说还是非常不错的。

后来，他们找到我们，希望能够在我们的辅导和支持下，举办一场1000人左右的大会销。确定了合作意向之后，我们就开始设计会议的流程，包括成交方案，他们看了之后，都觉得很好。既然他们已经认可，那就可以操作了，而操作的第一步，就是确认总指挥的人选。于是，我们找到他们的老板，亲自跟他确认：“咱们这次的会务，总指挥由谁来承担呢？”老板听了，一脸茫然地回答：“我是老板，总指挥当然是我呀！

以前我们开的每场会都是这样的，都由我负责。”

我听了老板的回答之后，就知道他对这个岗位所要承担的责任根本就不了解。当然，这也不能怪他，毕竟以前他们举办的会销，人数只有 50~100 人，半天的时间就搞定了，所以没有什么复杂的环节。但是，1000 多个人的会，而且整个流程需要 3 天的时间，再用以前的管理方法，肯定是不行的。于是，我就拉着他坐下来，把整个会议的流程一个一个地核对，并再三强调他作为总指挥所要承担的责任，他听完之后，当时就傻了，直接告诉我："这可不行，这事我干不了。"后来，我们经过商量，为了保险起见，还是决定请我们三度集团专门负责会务的一位老师过去帮他全程操办。

把总指挥的人选确定下来，其他的岗位就好安排了，然后就是按部就班地推进。结果，这场 1000 多人，为期 3 天的会销，一共成交了 800 万元的单子。这个业绩，当然也是皆大欢喜了。

那么，一场会务的总指挥，为什么如此重要呢？因为这个岗位要承担起对两个板块的调控。

（1）会议开始之前的整体管控。也就是把会议需要的资料都准备好，并把所有岗位的人员都安排到位，比如谁负责签到、谁负责控制灯光、谁负责控制音乐、谁负责门卫、谁负责现场引领等；另外，还要安排好会议现场一些物料的配备，比如签到墙、音响、麦克风、摄影机等。这里面的一些细节，如果稍微把握不好，就会对整个会议造成很大的负面影响。比如，现场摆放的一些广告喷绘，如果赶在会议开始之前两个小时才送到，那就很容易出问题，因为一些油漆的味道还没有完全散去，让人闻了很不舒服，这样就会影响客户的情绪，甚至影响成交。再比如，音响、电脑、投影仪等这些设备，都需要提前做好测试，并做好备用方案。

（2）确保整个会场按照既定的流程进行。比如，入场时间定为 8 点 30 分，入场时间为半个小时，那就到 9 点。在这半个小时里，可以放一些宣传片。

随后，便是开场仪式、领导发言、主办方发言，每一个环节，都要把时间控制好，这样才能保证当天的所有流程有序进行，才能让所有的环节都导向成交。同时，还要做好应急预案，比如酒店断电了怎么办？如何去跟酒店协商处理？如何安抚客户的情绪？等等，都需要考虑周全。

总之，作为总指挥，虽然不用去干一些具体工作，但一定要管控好整个流程。任何一个环节出了问题，作为总指挥，都负有直接的责任。所以，总指挥的任职条件，除了各方面的能力要比较突出，还需要具备丰富的经验以及出色的执行力。当然了，如果这样的人不好找，也可以找笔者帮忙，毕竟专业的事，还是需要专业的人来做，这样才比较靠谱，也更容易做出成果。

## 十一、会销的核心形象——主讲人

前面我们已经分享了决定会销成败的关键岗位，也就是总指挥。在这一节里，笔者主要跟大家分享的是代表会销形象的主讲人。如果说总指挥代表的是幕后的整个策划团队，那么主讲人代表的就是台前的整体形象。所以，如果这一前一后的两个关键岗位都能够出色发挥，并默契配合，那么事就成了。

其实，总指挥这个岗位虽然很关键，但由于他是幕后的，如果会场进行得很顺利的话，人们就几乎不会发觉他的存在，只有在会场出现一些意外和插曲，而他又能够完美解决的时候，人们才会发现他的存在，并对他的能力大加赞赏，这也就是老子所说的“太上，不知有之；其次，亲而誉之”。但是，作为台前的主讲人就不一样了，从会议一开始，他就是聚光灯下的主角，他的一举一动，都代表着公司的整体形象，乃至品牌的形象。

而主讲人最重要的任务，就是控制全场，并让客户因此而产生信任感、参与感、价值感和紧迫感。所以，主讲人的核心任务，其实就是两个字——“征服”。

那么，作为主讲人，应该如何去征服客户呢？在笔者看来，可以从四点入手。

**1. 将“小我”提升到“大我”**

作为主讲人，我们应该如何赢得客户的信任呢？或许有的朋友会认为是通过他的专业知识。不过，在笔者看来，拥有扎实的专业知识，只是让你成为一个优秀主讲人的诸多条件之一，因为这些专业知识会让你变得更加自信、更加从容、更加淡定。但是，如果你想通过自己的专业知识去征服客户，那就大错特错了。为什么呢？首先我们要搞清楚一个问题，我们举办的不是讲座，而是会销。讲座和会销是有本质上的区别的——讲座的目的，主要是分享知识，所以主讲人只要拥有扎实的专业知识就能够胜任；而会销的目的完全是营销，也就是成交。在前面的内容中，笔者已经反复强调过，会销的所有环节，都是为成交做铺垫的；同样的道理，会销的所有岗位，也都是为成交服务的，作为主讲人就更是如此。所以，作为会销的主讲人，一定要明白自己的角色和定位——一切都是为了成交。这样，我们就会明白，作为主讲人，千万不要在客户面前去卖弄你的专业知识，更不要试图去当客户的导师，因为没有哪个客户愿意去听那些似懂非懂的知识，也没有哪个客户喜欢花一整天或两三天的时间来听别人说教。

当然了，既然是主讲人，就要通过语言的沟通来与客户拉近距离，所以一定要讲究语言的技巧。但是，我经常看到一些在公司中职位很高的主讲人，甚至一些老板，往往一开口就把自己和客户给对立起来了，比如一张口就是“我”如何如何，“你们”怎样怎样。朋友们可以试想一下，如果有人跟我们说话的时候，动不动就说“你们”，那我们听了，心里会是什么感受呢？肯定会生出一种排斥感，是不是？但是，如果把“你们”换成“大家”或者“咱们”呢？是不是听起来就舒服多了？只要让客户觉得舒服了，那么离成交是不是就不远了呢？所以，主讲人在分享的时候，一定要让自己进入“无我”的状态，或者将“小我”变成“大我”。

**2. 引发客户的好奇**

主讲人在分享的时候，跟客户的互动是一个相当重要的环节，因为只有通过互动，才能让客户有一种参与感。而这一点，同样也需要主讲人的语言魅力。比如，平常我们要跟大家分享一件事的时候，采用的往往都是简单的陈述句，说完了也就完了。打个比方，笔者要跟大家分享一些销售的技巧，按照传统的模式，肯定会这样说：“我今天要跟大家分享的是，如何让业绩在短期内倍增的方法。”这是一句典型的陈述句，从外表上看，当然没有什么问题。但是，如果客户当时正在打瞌睡，那么他听了这句话之后，估计还是会继续睡，根本不会搭理你后面要讲的内容。至于让客户参与进来，那就更是想都不要想了！

但是，如果我们在说了这句陈述句之后，突然提升音量，说：“大家觉得好不好？”这时，客户中肯定会有人回答：“好！”接着，我们再加重语气：“大家想不想要？”不用说，客户的回答肯定是“想要”。

这样一来，客户是不是就自觉地参与进来了呢？而且，既然客户的回答是“好”“想要”，那么我们接下来要说的内容，他们自然也就愿意认真聆听了。当然了，客户之所以愿意听，还有一个很大的原因就是好奇，因为我们人类都有一个共性，那就是都有好奇心，并且在好奇心的驱使下，进一步产生寻根究底的动力。

**3. 挖掘痛苦，导向快乐**

我们都知道，能够引起人们强烈关注的，基本上是一些负面的新闻。为什么呢？因为这些负面新闻最容易抓住人们的痛点。所以，挖掘痛苦，导向快乐，也就成为营销的基本规律，因为从人性上来讲，大家都有趋利避害的本能，也就是说，大家都愿意“追求快乐，远离痛苦”，而很多人之所以不愿意改变，是因为痛苦不够深，或者这种快乐对他的吸引力还不够强。

所以，营销的根本，就是帮助客户未雨绸缪，远离痛苦，拥有快乐。而最基本的操作方法，就是从挖掘痛苦入手。那么，怎么挖掘呢？可以讲一些故事，或者讲一些案例。当然，笔者还是建议大家讲一些真实的案例，而且这些案例都来自我们服务过的客户。比如，笔者在讲一些会销案例的时候，就经常提到在“一对一”销售的过程中，营销人员是多么辛苦，每天累死累活，谈一个客户经常要花一个月，甚至几个月，才能拿下订单。有的则是谈了几个月之后就没有下文了，白白浪费了那么多的时间和精力。这样一来，你的企业就永远做不大，经济环境好的时候，每年也就增长 10%~20%；一旦遇到环境不好的时候，就会出现负增长。而公司的经营成本却越来越大，比如房租、人员工资等，都是只涨不降的，以前一年下来还能赚个几百万元，现在一年下来，担惊受怕的，还挣不了几个钱，弄不好还会亏损。在这种情况下，作为老板，会不会很痛苦？会不会相当焦虑？肯定会，是不是？

当然，我们挖掘客户的痛苦，不是为了幸灾乐祸，而是为了给客户带来新的希望。那怎么给客户带来希望呢？这时候，客户见证体系就可以派上用场了。在前面的内容中，我们为什么一再强调客户见证体系的作用呢？因为一个客户在跟你合作之后，解决了他多少难题，给他的业绩带来了多大的增长，这一点是最直观的，也是最有说服力的。

**4. 价值确认**

在我们与客户形成了良性互动，引发了客户的好奇，并挖掘了客户的痛苦之后，一定要让客户意识到他需要改变，同时也要让他明白看到改变的希望时，并不是已经大功告成，因为还缺最关键的临门一脚。而这关键的一步，就是让客户看到改变之前和改变之后，现在的痛苦和未来的快乐之间，这里面的差距到底是什么？也就是说，这个改变的价值到底在哪里？这一点，一定要让客户进行确认。

那怎么让客户进行确认呢？方法当然比较多了，笔者在这里只是举个例子。比如，我们把所有的东西都给客户讲完之后，最后一定要问客户：“大家觉得这个改变值还是不值？”客户的回答当然是“值”。这时候，我们一定要再进一步让客户确认：“那么大家愿不愿意改变？来，愿意改变的朋友，请您举一下手。”对这个肢体动作的要求虽然看起来是多余的，但如果没有这个肢体动作的确认，那么接下来的成交，就很难完成。所以，这个确认的环节，不但要做，而且一定要有足够的耐心，如果全场还有人没有举手，那就耐心地等待，一定要等到所有的人都举手，所有的人都有了回应，再进行下一个环节。因为只有有回应的确认才是有效的，没有回应的确认只是走流程而已。所以，真正的价值确认是让客户从内心做出回应，这个回应才是真实有效的。

可以说，当一个主讲人把上面的这四个要点都能够掌握，并圆满完成时，那么这个主讲人就可以称得上优秀了。只要你的产品足够给力，那么最终的成交量肯定不会差。

## 十二、灵魂三问——让你一开口就掌控全场

不管是在现实生活中，还是在各种领域，总有那么一些人，只要他一开口，就能够让全场震撼，并迅速掌控全场。比如，唐朝的禅宗大师惠能，原本并没有什么名气，后来有一次，他在一场辩论中，一出口便震撼了全场，并从此确立了其禅宗的领袖地位。

根据《坛经》的记载，当时有风吹幡动。两位僧人看到后，一位僧人说这是风在动，另一位僧人却说是幡在动。两个人于是开始辩论起来，而旁边围观的人，也说不出个所以然来，也吵成了一锅粥。这时，惠能上前说："其实，你们辩论不休的原因，并不是风动，也不是幡动，而是你们作为修行人的心在躁动呀！如果你们内心清净，如如不动，哪有什么可辩的呢？"惠能的这番话，让两位正在争论得面红耳赤的僧人顿时哑口无言，旁边围观的人也不再吵了，而是纷纷为惠能叫好。

那么，惠能为什么能够凭借几句话，就迅速掌控了全场呢？其实，

原因很简单，那就是他能够通过现象看到本质，所以说出的话，能够直指人心。

作为会销的主讲人，也是同样的道理，如果要想让自己一开口就能够震撼全场，进而掌控全场，那么你说出来的话必须能够直指人心。当然，你还得让客户能够听懂你的话，否则就有可能只是自嗨，而达不到预期的效果了，甚至还会产生负面的影响，与设定的目标背道而驰。所以，在开口之前，我们必须先弄清楚，我们要面对的是什么样的人群。

很多跟我合作过的伙伴都知道，不管请我去做会销主讲，还是做内部培训，我只需要 10~15 分钟，基本上就可以掌控全场，并在后面的环节中，完全按照我的节奏进行。那么，我是怎么做到的呢？其实也很简单，就是在正式开讲前，我会先提出三个问题，这三个问题称为“灵魂三问”，因为通过这三个问题后，在场所有人的注意力，都会被我快速地吸引过来。

不过，在发出“灵魂三问”之前，我们必须先思考一个问题，那就是自己在当下扮演的是一个什么样的角色。弄清楚自己的角色之后，再进一步考问自己：我为什么要讲这些内容？别人为什么要听我讲？一定要把这些问题想清楚。之所以要把这些问题想清楚，是因为我们要学会站在客户的角度上，从客户利益的角度出发。我们要知道，客户来听我们演讲，是为了能够从我们的演讲中获得实际的利益，而不是来看我们的演讲有多精彩，或者我们的表现有多出色。所以，一个优秀的主讲人，他的心态一定是无我利他的。

当我们带着无我利他的心去演讲的时候，就可以抛出我们预先设定好的“灵魂三问”了。

（1）一定是全员参与，全员认同，而且是无可抗拒的。打个比方，今天大家来参加笔者讲的“增长路径”课程时，我在开场的时候，肯定会先这样发问：“今天大家来跟笔者一起学习，是不是希望通过学习之后，能够让自己的业绩倍增？”对于这样的问题，在场的所有人，肯定是会回答“是”，是不是？

对于这个问题，虽然听起来像是一句废话，但如果我们要仔细研究，这背后其实是让客户产生认同感。因为我们的营销活动，必须是在得到客户的认同之后，才能够继续往下进行，并最终导向成交。我们不妨试想一下，当我们对一个人不断地说“是是是”或者“对对对”的时候，自然就会对他产生一种强烈的认同感，所以他接下来要说的话，或者要做的事，我们也都会习惯性地认同。既然认同了对方，那他要跟我们成交的时候，我们大概就不会拒绝，是不是？

（2）将客户引向核心价值。那么，什么是核心价值呢？这个就是引入正题了。比如，我们做招商的时候，就可以这样问客户：“大家来到这里，是不是希望学习到新的内容，新的方法，使自己的思维得到更新，使自己的思路得到升级？”客户的回答当然还是“是”。而这个问题的重点就是方法、思维、思路，而这些就是核心价值所在。

（3）设定目标。也就是把客户此行的目的与我们会销的内容紧密结合起来，让客户产生兴趣，这样他才更愿意去听你的分享。比如，我去给健身馆做一个活动的时候，一般会这样问：“大家今天参加完这个会议之后，肯定就能找到一个让你的身材变得更加健美，让你的身体变得更健康的方案，大家想不想好好听一下？”对于这个问题，客户的回答肯定还是“是”，毕竟谁都希望自己的身材变得健美，身体变得健康。

其实，这第三个问题，实际上就是我们接下来要分享的主题。所以，我们把这个“灵魂三问”全部抛出之后，就可以很自然地把客户带入主题了。而有了这三个问题的不断铺垫之后，客户的热情也逐渐调动起来，这个时候我们自然就能够掌控全场，并把客户都带入我们预设的情境中。

总之，这“灵魂三问”不管怎么提，都必须从完全利他的角度出发，而且要直指人心，不绕弯子，不设套路。只有这样，我们最后获得的成功，才不会产生任何负面的作用。

## 十三、会销的整体形象——主持人

在前面的内容中，笔者已经跟大家分享了会销中两个极为关键的角色——总指挥和主讲人。可以说，在一场会销中，如果在这两个岗位上都选对了人，那么这场会销基本上就算是成功了。当然了，如果想让这场会销变得更加完美，还得需要一个角色——主持人。

看过电视的朋友都知道，任何一档深受观众喜爱的电视节目，肯定会有一位相当出色的主持人。比如，中央电视台《朗读者》的主持人董卿、江苏卫视《非诚勿扰》的主持人孟非、湖南卫视《快乐大本营》的主持人何炅、浙江卫视《中国好声音》的主持人华少等，我们甚至可以说，任何一档成功的电视节目，都有一位成功的主持人。由此可见，主持人在电视节目中的角色，绝对是举足轻重的。

而在一场会销中，主持人也是一个非常重要的角色，可以说与主讲人是珠联璧合的一对。如果主讲人和主持人都发挥得很好，就是强强联手；如果主讲人的发挥有些不足，那么好的主持人，也会很好地弥补过来。另外，主持人在鼓励客户参与、调节现场氛围、促使成交等方面，也都起到非常重要的作用。

在我看来，会销的主持人，主要有两大核心功能。

**1. 热场互动**

对于主讲嘉宾来说，在正式开讲之前，虽然会先调动氛围，但主讲人采取的方法，主要是从客户利益的角度出发，也就是认真听他演讲会得到哪些利益。而主持人的热场互动，主要是让客户放松身心，只要客户心情愉悦了，自然就能够被主讲人带动起来了；相反，如果客户精神紧张，那么主讲人不管讲什么内容，客户也是听不进去的，既然客户听不进去，那么后面的营销就很难继续进行了。所以，主讲人和主持人，虽然都需要调动现场的氛围，但侧重点是不一样的。一个得力的主持人，会让主讲人如虎添翼，超常发挥；而主持人如果不给力，那么主讲人就很尴尬了，因为他不但要当主讲人，还要当主持人。

所以，一个合格的主持人，一定要学会与客户进行互动的技巧。在学习这些技巧之前，首先需要对自己的心态进行调整，尽量把自己的姿态放低一些，这样你才能真正与客户融为一体。

由于主持人这个岗位很重要，所以很多会销的总负责人也非常重视，他们甚至将电视台的主持人请来，为自己助阵，但从实际效果上来看，这种做法却不太理想，其中最重要的原因，是因为电视台的主持人做的是专业节目，所以到了会销现场之后，就显得不那么接地气，这样就没有办法与客户形成良性的互动。毕竟电视节目的现场观众与会销的现场客户，有着本质上的区别。另外，专业主持人的开场白，一般是这样的："尊敬的各位领导、各位来宾、女士们、先生们，大家上午好……"这样的开场白，虽然从表面上看没有任何问题，但如果在会销上这样说的话，等于一开口就让自己与客户产生了距离感，这是不利于成交的。

如果我们把开场白改为："亲爱的各位朋友、各位家人，大家上午好……"这样就自然与客户拉近了距离。所以，作为主持人，我们一定要明白，主讲人虽然也是从营销的角度去演讲，但在演讲的过程中，往往需要扮演专家和老师的角色，而主持人则只有一个角色，那就是做客户的朋友，这样才能赢得客户的信任，才能让客户愿意配合你。

那么，主持人应该怎样与客户进行互动呢？

我们先打个比方，当主持人与现场的客户打招呼时，比如他说"大家下午好"这句问候语，这个时候，有的人会回应说"下午好"，有的人会鼓掌，有的人则不开口。总之，什么样的反应都可能会出现。可以说，这时候整个会场的能量是不协调的。所以主持人就需要在接下来的互动环节中，将现场的氛围逐渐营造出来。而营造的技巧，就是由浅入深。那么，什么叫由浅入深呢？

举个例子，如果你一上来就要求客户鼓掌，这个动作就有一定难度；如果一上来就让别人拥抱、握手，这个动作就更有难度了。所以，一定要先从一些小动作开始，让听众愿意配合，然后再一步步提升难度。比如，笔者就经常使用这个技巧，我一般会这样说：“在座各位，今天来到这里参加这个活动，肯定希望度过开心快乐并且有收获的一天，是不是？”客户的回答当然是“是”，当然会有一些客户没有回答，但也没有关系。

我继续说：“既然今天我们所有人都希望度过开心快乐而又有收获的一天，我们要不要一起营造这个能量场，要不要做一个正面、积极又有能量的人，各位说是不是？”客户的回答当然还是“是”，但不管客户的反应如何，你接下来的指令和动作都相当重要：“如果大家把头稍微向左转一下，如果觉得自己左边的家人是一个正面、积极又有能量的人，那就给他一个微笑吧。”这个动作很简单，只需要稍微向左扭头，然后微笑，所以 99.9% 的客户会愿意配合。

接下来，你又发出新的指令：“请大家再转过头，看看你右边的家人，看看你右边的家人是不是也是正面、积极又有能量的人？如果是，就请大家举个手确认一下。”这个举手的动作，虽然比微笑的要求高一点，但还是相当简单，所以 99.9% 的客户也会配合，愿意把手举起来。

等客户都把手举起来之后，你就可以放心地向客户要掌声了：“请大家再左右看看你两边的家人，是不是都是正面、积极又有能量的人？再看看你自己，是不是也是正面、积极又有能量的人？如果是，那就请大家用掌声来确认一下。”

这样，通过让客户做“转头—微笑”“转头—举手”“转头—鼓掌”这一系列的配合下来之后，客户实际上已经对你从小的配合提升到后来大的配合了。这时，如果你还想要更热烈的掌声，就可以这样说：“如果大家觉得我们全场的人都是最优秀的人，包括你自己也是最优秀的人，那就请再给自己一个热烈掌声。”

这时，现场的热烈氛围，已经被我们充分调动起来了，这个时候如果我们再要求客户握手，甚至拥抱，也就是自然而然的事了。

**2. 价值塑造**

对于公司、团队、产品等方面的价值塑造，可以全部由主讲人来完成，当然主持人也可以从侧面进行烘托，与主讲人的正面价值塑造相互配合。但是，主讲人自身的价值，又是由谁来塑造呢？如果由主讲人自己来塑造，显然不合适，不管主讲人是什么身份，曾经获得过哪些殊荣，所有的这些荣耀，如果都是由主讲人自己说出来，难免会有自吹自擂之嫌，至少会给人一种怪怪的感觉。我们可以试想一下，如果一个人上台后，就开始说自己有多厉害，你是不是觉得这个人是在“王婆卖瓜”？所以，不管主讲人的能力有多大，都只能从别人的嘴里说出来，这样才会给客户一种自然的感觉，而且更有说服力。

而负责把主讲人的价值塑造起来的，当然就是主持人。一般情况下，在正式演讲之后，主持人都会先与在场的客户进行互动暖场，然后再邀请主讲人上台。而在邀请主讲人上台之前，就是主持人对其进行价值塑造的最佳时机。这时，主持人就可以将主讲人的亮点全部烘托出来，比如毕业于某某名牌大学、过去曾经获得哪些辉煌的成就、曾经帮助过多少人获得成功、曾经改变过多少人的命运……最后再大声地问在场的客户：“如此重量级的人物，我们要不要把他请出来，给我们做一个分享？”

可以说，有了主持人对主讲人的价值塑造环节之后，主讲人就可以顺理成章地把客户的热情调动起来，让客户跟着自己的思路走。

当然了，在真正的成交过程中，主持人还有一个非常重要的作用，就是配合主讲人来要求客户进行价值确认，为主讲人的临门一脚进行助攻，最终把成交锁定下来。

不过，如果是在线上举办的会销，那么主持人发挥的空间就比较有限，很难去做太多的互动，不像线下那样，可以通过各种游戏把现场的氛围调动起来。所以，要想让会销产生真正良好的效果，还是尽量在线下举办比较好。

# 十四、能量加持——一切为了成交

在前面的内容中，虽然笔者的分享都相当重要，但那些都只是铺垫，而接下来的内容，将是关键中的关键。为什么呢？因为在这里，笔者将分享在会销中如何抓住成交点。

那么，如何在会销中创造成交点，并抓住成交点呢？在前面，我们已经讲到了主讲人和主持人的分工，是有明确的不同的。那么这个成交点，应该由谁来促成呢？对于这一点，实际上并没有定论，主要还是根据现场的实际情况，灵活掌握，可以由主讲人来促成，也可以由主持人来促成，还可以由主讲人和主持人共同配合，一起促成。当然了，不管由谁来促成，其最基本的做法都是一样的。

那么，促成成交的基本做法主要有哪些呢？

**1. 释放你的能量**

在“一对一”的销售中，笔者曾经强调过话术的重要性，并明确了

“要想富，练话术”的观点。但是，在“一对多”的销售中，尤其是在会销上，首先要解决的是一个能量的问题。也就是说，你首先要让自己成为一个有能量的人，并将你的能量充分释放出来。至于话术，虽然不能说不重要，但这个时候就不必过于拘泥于形式了。因为在会销上的成交，客户买的是一种感觉，而不是你的话术，更不是你语言中的“没毛病”。所以，当你站在台上时，你是否有能量，并将这种能量释放出来，将决定最终成交量的大小。

在现实的生活中，我们经常会发现这样的事情，同样的一句话，不同的人说出来，结果就会不一样；同样的一件事，不同的人去干，也会产生不同的效果。为什么会这样呢？其实，这就是一个能量的问题。比如，秦朝末年，刘邦打下咸阳之后，看到秦朝的宫殿金碧辉煌，美女如云，于是便打算住到秦宫里。这时，刘邦手下的很多人都明白，刘邦这样做肯定不合适，于是便纷纷前去劝他，让他退出秦朝的宫殿，但刘邦不但不听手下人的劝告，还把他们骂了一顿。后来，张良前去劝告，刘邦马上就听从了，下令退出秦宫，还军霸上，并和当地百姓“约法三章”。

在这个故事中，刘邦最后之所以听从了张良的劝告，退出秦宫，还军霸上，原因其实只有一个，那就是张良是一个有能量的人。也正是这种能量，让张良成为一代帝师。

那么，所谓能量，主要体现在哪些方面呢？笔者认为主要体现在三个方面。

（1）信心。这里所说的信心，不但是说要对自己有信心，更要对产品有信心。但是，我经常看到会销上的主持人，在谈到公司和团队时，都是信心满满，而一谈到产品，就问题十足。之所以会这样，是因为主持人对自己所介绍的产品比较了解，知道自己所介绍的这款产品并不完美。但是，我们回过头来想一想，实际上任何一家公司，都不敢说自己生产出来的产品是完美的。而这些并不完美的产品，仍然在市场上热销。所以，在介绍产品时，我们在客观面对其缺陷的同时，更要关注产品的优点和亮点，因为这才是真正的卖点。只要把卖点找到，成交点自然也就出现了。

（2）信念。我们这里所说的信念，主要有两点体现。

①要有利他之心。这一点非常重要，如果我们的成交，没有从客户利益的角度出发，只是追求“一锤子”的买卖，那实在是很大的浪费，因为每一个客户，都有可能会陪伴我们一辈子，而且会给我们带来更多的客户。而要做到这一点，办法只有一个，那就是每一次成交，都要从客户的利益出发。比如，三度集团做的任何一款产品，其出发点都只有一个，那就是真的能够帮助到客户，让客户因为跟其合作而业绩倍增，这也是三度集团能够越做越大的最主要原因。所以，我们一定要记住，成就他人的同时，也是在成就我们自己。相反，不管企业的背景有多雄厚，人脉有多广泛，如果没有利他之心，就注定不会走得更远。

②要敢于承担责任。这一点可以说是我们取信于客户的关键，凡是为客户做出的所有承诺，我们一定要去兑现。另外，不管产品出了什么问题，也不管责任在谁，在没有调查清楚之前，如果我们先把责任承担下来，这样看似吃亏，但从长远的角度来看，我们就会得到越来越多客户的信赖和支持。毕竟客户的心里也不糊涂，既然不是我们的责任，我们都能够承担，更何况是我们的责任呢？

（3）状态。不管是“一对一”的销售，还是“一对多”的销售，状态都相当重要，因为状态不佳的话，我们即使有再大的能力，也很难将其发挥出来。

那么，如何将自己的状态调整到最佳状态呢？我们可以先做一些小小的自我确认，比如将身体姿势进行调整。以笔者为例，在讲课之前，我也经常会调整一些姿势，比如将自己的双手打开，刻意地让自己的声音从丹田里面发出来，让自己的声音变得更有力量。

另外，也可以给自己一些心灵上的暗示，比如在心里不断地告诉自己：“我是最棒的、最优秀的，我是一个超级演说家，我的演讲会给所有人带去更多的帮助。”

心理学研究表明，这种自我确认，对人的状态的调整是非常有效果的，但前提是要持续去做，如果是“三天打鱼，两天晒网”，那肯定是没有效果的。这实际上跟我们平常锻炼身体一样，你锻炼一个星期或者一个月，当然看不到有什么效果，但如果你持续半年、一年、三年，那就不可能没有效果。

**2. 清晰的方案**

会销成交方案的重点，主要表现在简单明了。比如，对于某款产品的价值描述，如果你弄个 10 条、20 条之多，虽然看似很详细，但客户根本就记不住，既然记不住，那就一切都等于零。所以，我们一定要记住，会销的核心价值点，永远不要超过三条。可以说，“三”已经是最多了，把你最核心的价值一、二、三罗列出来，然后把其他的附加价值变成赠品就可以了。

总之，一定要让客户只用听一下或者扫一眼就能明白，他所花的钱，到底买到的是什么，划不划算；或者投出去的这笔钱，日后能够获得多大的回报。

需要说明的是，在会销的过程中，一定是利用主价值去打动客户，而不是拿附加价值去引诱客户。为什么一定是主价值呢？因为这是产品的核心所在，只有核心价值，才有价值的对标。如果是实体产品，就可以跟行业的最高标准去做实际的对标；如果是虚拟产品，就可以跟客户的感觉去做对标。这样你的方案才会有吸引力，才会让客户觉得你的产品物有所值，甚至物超所值。

**3. 明确的指令**

这一点很多人会忽略，比如很多企业第一次做会销的时候，往往是把状态调整好了，方案也说得清清楚楚了，但到最后买单、报单的时候，却由于指令不清晰而出现尴尬的场面。比如，一场100~200人的会销，到最后居然没有人签单，这实在是非常可惜的一件事情。所以，在做会销的时候，我们一定要给客户传递一个明确的指令。也就是说，当客户听完你的所有分享之后，其实已经产生了购买的兴趣，却不知道怎么购买，也不知道用什么方式买。这个时候，就需要我们给他们发出一个很明确的指令。比如，我们可以这样说："大家请注意了，从现在开始，接下来3分钟时间内，想购买的朋友，请到主席台左手边的收银处去排队。"这样的指令就相当明确，而且足够清晰了。

当然了，如果你的能量足够强，那就可以直接请客户到台上成交。比如，你可以发出这样的指令："接下来我倒计时10秒钟，只要在10秒钟之内到台上来签单的朋友，都会享受打折的优惠。"这里我们一定要明白，我们发出的指令越简单明了，客户就越容易配合，而且不需要经过大脑的思考，这一点非常重要。

凡是做现场会销的，我们一定要记住一条规律，那就是客户在买单的那一瞬间，永远是冲动的，所以我们绝对不能给他思考的时间。所以，凡是成交的指令，一旦下达之后，就要给客户营造一种紧迫感。

**4. 推动客户成交**

在会销上，我们经常会看到一些很有意思的现象，那就是台上的主持人和主讲人已经配合得相当好，而且发出的指令很明确清晰了，很多客户当时也有购买的冲动，但就是迟迟没有站起来做出成交的动作。为什么会这样呢？其实，这个时候，客户还是需要有人推他一把，或者拉他一把，他才会把心里的想法变成最后的行动。

所以，这个时候，我们的那些铁杆客户就可以发挥其作用了。只要有几个老客户主动站起来成交，或者带头排队，新客户自然很快就加入其中了。到了最后，甚至还会出现这样的画面，那就是现场的客户有50%~70%都去买单了，而剩下的30%的新客户就显得格格不入，坐在那里显得很难受。这时，他们可能会想："这么多人都去买单了，说明这款产品相当棒，我却还在犹豫，还在思考，我是不是傻？"可以说，剩下的这些少部分的客户，不管最后他们有没有成交，我们的这场会销也在他们心里留下了深刻的印象，为今后的成交埋下了种子，可以说是做得相当成功了。

当然了，至于如何让老客户去带动新客户，那就看各自的机缘了。如果老客户是我们的忠实粉丝，我们只要把他们邀请到现场就可以，什么都不用说，他们自己就会知道怎么做；即使一些老客户跟我们的关系还不够铁，只要我们从利他的角度，在会销开始前稍微交代一下，相信他们也会愿意配合，毕竟这是利己和利他的双赢之举，谁又会拒绝呢？

# 十五、跟进和服务——终点即起点

在很多人看来，一场会销办下来之后，只要把该签的单子都签了，把该收的钱都收了，也就大功告成，可以开个庆功会了。但在笔者看来，一场会销的结束，只是我们“一对多”销售的某个阶段告一个段落而已，而新的阶段则刚刚开始。

其实，从笔者从业 20 余年的经验来看，反倒觉得收钱是非常简单的一件事，但收完钱后，如何让客户对你的公司满意，如何让新客户变成老客户，如何让老客户变成铁杆粉丝，那就不简单了。

所以，真正的销售从来都不是“一锤子”买卖，而一场成功的会销，更不是以签单为终点，而是以签单为起点的。我们都说：“客户就是上帝。”那什么是客户呢？只有签单了才是真正的客户，是不是？但是，如果我们在签完单，收了钱之后，便把对客户的承诺抛之脑后，甚至对待客户的态度也从之前的热情到后来的冷漠，这就不是对待“上帝”的态度了。而这样的态度，必将受到“上帝”的惩罚。

笔者辅导的客户多了，发现了这样一个规律：那些优秀的企业，他们举办会销的时候，签单率总是很高，而且客户总是源源不断，总会有老客户不断地介绍新客户。笔者经过研究后发现，并不是这些公司的魅力有多大，品牌有多好，而是在签单之后，他们真的有把客户当成“上帝”，并且真的是诚心诚意，甚至是竭尽全力地为客户服务。这样一来，客户的黏性和忠诚度自然就会大大提升，不但自己会重复地购买产品，甚至还会当起免费的推销员，向自己身边的人推荐这款产品。这样不但省去了企业维护老客户所要投入的成本，还能源源不断地赢得新客户。

诗云：“投我以桃，报之以李。”其实，这不仅是一句诗，更是真实不虚的事实。所以，只要我们从利他的角度出发，全心全意地为客户提供贴心的服务，最后我们就会发现，受益最大的一方，一定是我们自己。

# 后记：好的总结胜过长篇大论

虽然这只是一篇后记，但笔者还是忍不住要提醒大家，这篇后记的内容相当重要，因为慎终如始一直是笔者做事的风格，包括写书也不例外。

相信大家看了这本书的所有内容之后，已经发现本书与其他销售类图书的最大不同，就是干货满满。同时，笔者深知，大家的时间都是相当宝贵的，既然大家把宝贵的时间都奉献给了本书，笔者又怎么会忍心让大家失望呢？所以，在接下来的这篇后记里，笔者将会把自己平生的绝学，全部奉献出来，以飨广大读者的厚爱之情。

我们之前分享了那么多关于销售额增长的问题，而且分为“一对一”销售和“一对多”销售两个部分进行探讨，教会大家如何改变思维、改进方法、升级工具等。那么，有没有一个能够让我们做任何事都有个指导的方针，而且做起事来能够事半功倍，最终让我们走向人生巅峰的底层逻辑呢？答案当然是肯定的，因为成功也有模式可循。当然了，对于成功的定义，每个人都会有不同的看法，毕竟每个人的世界观、人生观和价值观都有区别，每个人的成长环境也不尽相同，每个人的志向更是千差万别，有的人喜欢横刀立马，建功立业；有的人向往诗酒田园，悠闲自在。这些都是由个人价值观和志向决定的，本质上并没有什么对错。所以，请不要轻易去改变别人的价值观，除非你有足够的智慧，否则就会被别人当成精神病。比如，笔者就曾经固执地去改变别人的价值观，但结果是要么被当成精神病，要么把别人逼成精神病，要么大家一起变成精神病。

那么，成功的公式或者成功的基本逻辑，到底是什么呢？在笔者看来，成功的公式为：成功＝能力 × 效率 × 杠杆。

**1. 打造能力**

我们经常会听到这样一句话："那个人能获得成功，主要是靠运气。"也常常会看到这样的情景，当一位成功人士在台上做分享演讲时，经常会被台下的观众问道："请问您是如何取得如此巨大的成功的？"而台上的那位成功人士，也总是笑眯眯地回答："也没什么，我也就比大家幸运一点而已。"当然了，一个人之所以获得成功，并不排除有运气的成分，毕竟努力的人有很多，但幸运的人也就那么几个。就像站在奥运会冠军领奖台的那个运动员，你能说他的成功没有运气的成分吗？你能说他不是一个幸运儿吗？但是，如果你说一个运动员获得奥运会冠军，主要靠的是运气，那是无论如何也没有人会相信的。因为这个运气的背后，实际上是日复一日的艰苦训练，更是赛场上的稳定发挥。试想一下，如果一个运动员没有经过刻苦的训练，没有赛场上的镇定自若，请问他的运气从哪来？他还是一个幸运儿吗？答案当然是否定的。如果你公司的副总裁位置现在出现了空缺，那么你会是那个幸运儿吗？答案也许还是否定的。为什么呢？因为你没有那个能力，是不是？这样，我们就不难明白，所谓运气，所谓幸运，其实只是能力的代名词，因为运气本身就是一种能力。所以，成功需要具备的第一个要素，就是能力。

那么，我们应该如何来打造自己的能力呢？在笔者看来，能力包括了三个维度，用一个公式来表示就是：能力 = 知识 + 技能 + 态度。

无论你从事什么行业，你都要具备这个行业的相关知识，因为如果没有知识，能力也是无从谈起的。因此，我们可以这样说：最强的能力，是获取知识的能力，也就是学习的能力。相信朋友们应该已经发现，在我们的人生中，需要学习的东西实在是太多了，尤其是从小学到大学，更是需要背诵大量的知识点，虽然这些知识对我们获得成功并没有太直接的帮助，如果用得不好，反倒还会成为一种阻碍，但我们为什么还要拼命地学呢？原因其实很简单，我们正是通过不断学习这些看似无用的知识，使我们的学习能力得到不断的提升。更何况这些知识并非真的没用，只要你的知识储备达到一定的程度，自然就会由量变产生质变，也就是由知识提升到智慧。当然了，这需要有一个过程，所谓“板凳要坐十年冷，文章不写半句空”，只要你能够耐得住寂寞，就一定能够守得住繁华。

除了知识，能力还包含一个重要的环节，那就是技能。如果说知识是通过“博学之，审问之，慎思之，明辨之”而得到，那么技能就是通过“笃行之”而掌握。也就是说，要想熟练地掌握一项技能，必须将理论进行实践，而不断实践的过程，也是一个不断训练的过程。比如，我们从事销售行业，最起码要掌握的一项技能，就是口才，而口才并不是你天生就会，也不是你读几本书就能够掌握的，必须在实践中不断地训练，最后才能够掌握。当然了，这些技能一旦掌握了之后，不但别人抢不走，你也不会忘记。打个比方，当你学会了骑自行车之后，即使你有十年的时间没有碰过自行车，但如果有一天，有人突然给你一辆自行车，你肯定能够熟练地骑起来。所以，就算你因为某种原因，错过了学习知识的最佳时机，请你千万不要再错过学习技能的时机，因为这是你安身立命的依靠。其实，从某个层面上来说，技能比知识还要重要得多，因为很多知识我们是用不到的，而且一旦长时间不用就会忘记，但技能不同，一旦掌握，终身受用。

而要把知识和技能转化为能力，需要一项很重要的因素，就是态度。因为即使你掌握的知识再丰富，拥有的技能再出色，如果没有一个很好的态度，你就没有办法跟别人合作。而一个人最大的能力，实际上就是合作的能力。这一点，历史的经验实际上已经生动地给我们展示出来了。比如，在楚汉争霸中，项羽不管是在知识方面，还是在技能方面，都远远超过刘邦，但最后胜出的却是刘邦。为什么呢？原因其实很简单，刘邦赢在了态度上。而这一点，刘邦也是亲口承认的："运筹帷幄之中，决胜千里之外，我不如张良；镇国家，抚百姓，供给军饷，不绝粮道，我不如萧何；连百万之众，战必胜，攻必取，我不如韩信。这三个人都是当代杰出的人才，却愿意跟我合作，所以我才取得了天下。"为什么张良、萧何、韩信等这些杰出的人物愿意跟既没有知识也没有技能的刘邦合作呢？实际上，正是刘邦的态度，让他们看到了希望。

再回到我们现实的工作中，不管你是创业，还是打工，都免不了要与别人打交道、与别人合作、与别人沟通……这个时候，你的态度，就往往能够决定你的一切。比如，笔者对工作的态度，就体现在"711"上，也就是早上 7 点到晚上 11 点，全年无休。笔者几乎是每天早上 7 点起床，起床之后就进入工作状态，开始回复客户的信息，因为工作的原因，每天会有很多学员来咨询很多关于企业管理的问题，要一一答复。洗漱完毕，吃过早餐，就开始进入每天 10 个小时的授课时间。授课的时候，精力更是高度集中，因为除了讲解，还有互动，几乎没有开小差的余地，课间休息时还要回复学员的信息。当天的课程结束后，一般都会被主办方安排到当地最具特色的餐馆，边吃边聊，继续奉献我的能量。当然了，笔者也乐于如此，因为这是我喜欢的工作和生活方式，每隔三四天就会换一个城市，去体验当地的风土人情，也是一种享受，如果时间允许，还会留下一天的时间去逛一逛这个城市。我一般去到一个陌生的城市，有三件事是必干的：一是去当地的博物馆转一转，因为那里有这个城市最全面的信息；二是去尝一尝当地最著名的美食；三是去逛逛当地的夜店。干完这三件事后，笔者对这个城市就有一个大致的了解了。

所以，我们可以试想一下，每天工作 8 个小时和每天工作 16 个小时，得到的结果是不一样的。当然了，你每天工作 8 个小时，再学习 8 个小时，那样也相当棒。但不管怎么样，我们对工作的态度如何，对学习的态度如何，对客户的态度如何，对老板的态度如何，等等，都能够从我们对时间的安排中，有一个大致的了解。而了解了这些之后，我们就会发现，自己的付出和收获，永远是成正比的。

**2. 提升效率**

当你具备了相应的能力之后，要想出成果，还有一个重要的因素，那就是效率。在现实的生活中，我们经常会发现很多能力出众的人不管是在生活中，还是在职场上，都不尽如人意，甚至还可以用失败为形容。为什么呢？笔者想说的是，这些人都败在了效率上。那么，如何提升我们的效率呢？在笔者看来，提升效率也是有模式可循的，那就是：效率 = 选择 + 工具 + 方法。

大家常说，选择大于努力；我则认为，选择决定成败。比如，选择结婚对象，一个女人如果选错了一个男人，那么这辈子就算毁了；而一个男人如果选错一个女人，那么这个家就算毁了。

比尔·盖茨说他之所以成为世界首富，是因为他娶了一个好太太；

巴菲特说，他的投资事业之所以能够做得好，是因为他有个好太太；刘邦之所以能把皇帝的位置坐稳，是因为他娶了个叫吕雉的老婆。

当然，选对老师也相当重要。其实，我的外号之所以叫“笔者”，最大的一个原因，就是我非常喜欢看金庸先生的小说，而金庸笔下有一位很重要的人物，叫郭靖。郭靖最开始拜了 7 位师父，而杨康就拜了一位师父，结果两个人打架时，杨康经常把郭靖打哭。为什么呢？因为郭靖拜的师父是“江南七怪”，他们的老大叫柯震恶，而这些人打架从来没赢过，只有耍赖从未输过。柯大侠只要出场，永远都是那一句：“狗贼，拿命来。”一分钟后，就是第二句：“要杀就杀，无须多言。”第三句话更狠：“等会儿看我眼色行事。”

这样的师父，郭靖能跟他们学到什么呢？后来，郭靖因为黄蓉的引荐，得以拜洪七公为师，才从洪七公那里学到降龙十八掌，从此打遍天下无敌手。

所以，选择真的可以决定成败。可以说，我们的一生，只要选对伴侣、选对朋友、选对老师，这辈子想不成功都难。同时，老天爷对每个人都很公平，给了我们每个人 3 个 8 小时，我们用 1 个 8 小时休息，1 个 8 小时工作，还有最后一个 8 小时用来做什么？是你的选择、你的关注点在哪里，你的成果就在哪里。

当然，做对了选择之后，要想快速成功，就得配合运用相应的工具和方法，这样才能使你的效率不断提高。至于一些工具和方法，在本书前面的内容中，笔者已经进行了详细的介绍，在这里就不再赘述了。

**3. 运用杠杆**

当我们既有了能力，又学会了提升效率，这个时候你就要学会使用杠杆来百倍速地提升你成功的速度了。

杠杆 = 团队杠杆 + 产品杠杆 + 资本杠杆 + 影响力杠杆。

（1）团队杠杆。你会发现凡是事业有成的人，他都不是单打独斗的，而是有一个核心的团队，比如刘备有“五虎上将”，阿里巴巴有“十八罗汉”，三度集团也有“七个葫芦娃”。其实，很多优秀的创业者都知道，他们是通过团队的成功来带动自己的成功的，团队创造的总价值越大，个人的收获也越多。而作为老板，当你能够培养出 100 个千万富翁时，你至少就是亿万富翁了；但如果你是一个千万富翁，而自己的团队成员却连温饱都解决不了，那么你是走不了多远的。总之，正所谓“一个好汉三个帮”，要想成就伟大的事业，就必须有伟大的团队作为后盾。

（2）产品杠杆。有很多企业的产品天生就带着硬伤，要么是产品的边际成本太高，要么是产品不具备复购率。关于这一点，笔者在前面的产品规划部分中已经提到过，读者朋友可以翻回去再复习一下。其实，某款产品是否强大，从它的边际成本中就可以看出来。比如，一个高级美容技师，每天最多也就服务 5 个客户，而且已经是累得不行的状态了，如果他还想再提高自己的绩效，那就只能向客户推荐一些循环类的产品，让客户带回家去继续用。而从美容院的角度来讲，如果已经做到极致，这时候再想有所突破的话，那就只能开分店。但你想过没有，再开一家门店，从选址到装修，再到培养人才、开业引流，等等，这中间所要付出的人力、物力和财力，都是一笔很大的开销，而且最后能不能成功，谁也不能保证。但是，如果你搞的是加盟连锁，那么你只要输出自己的经营理念和执行标准就可以，这样对你而言，你的边际成本可以忽略不计，因为你管理 1 家店也是管，管理 10 家店也是管；你带着 1 个店长开会也是开，带着 10 个店长开会也是开，而且你会发现，开会时人多了反而更有氛围。另外，店多了采购成本也会直线下降。所以，如何提高你的产品杠杆，实际上是可以在边际成本上做文章的。

（3）资本杠杆。俗称“负债比”，负债比越高，杠杆效果就越大。然而，资金杠杆的乘数效果是双向的，当公司运用借贷的资金获利等于或高于预期时，对股东的报酬将是加成；相反，当获利低于预期，甚至发生亏损时，就如同屋漏偏逢连夜雨，严重者还会导致资金链断裂，被迫清算或破产，最终使得股东的投资付诸东流。也就是说，资本杠杆是一把双刃剑，有利也有弊，所以朋友们要想运用好资本杠杆、股权融资等，我强烈建议大家去学习包启宏老师的“股权系统”课程，他有 N 多个方法教你如何低成本甚至是零成本零风险来融资。但是，一定要牢记，你的发心很重要，如果你的动机至善，没有私心，那就什么样的方法都可以为己所用。

（4）影响力杠杆。什么是影响力杠杆呢？我们先来举个例子：在近代史上一个叫丘吉尔的名人具有极强的能力，公众演讲方面很棒，还出版了大量的文学作品，其代表作《不需要的战争》更获得了1953年的诺贝尔文学奖，同时还著有《第二次世界大战回忆录》《英语民族史》等。被美国杂志《人物》列为近百年来世界上最有说服力的八大演说家之一。笔者之说以举这个例子，就是想表达这样一层含义——凡是那些能够改变人类命运的人，他们都具备一个最重要的能力——影响力，并把这个影响力杠杆发挥到极致。

好了，写到这里，笔者的这本书也接近尾声了。值得一提的是，虽然笔者才疏学浅，但在用心上不敢有任何的懈怠；虽然分享的是自己成长的经验，却不敢忽略朋友们的感受。总之，如果朋友们能够从这本书中的某个章节、某一段话中受益，那便是呼应了笔者写作本书的初衷。愿本书能够帮助大家积极地、满怀希望地面对明天，为大家获得美好人生而助一臂之力。

分享过那么多次，讲过那么多话，或许其中的道理并不重要，重要的是，我们彼此的发心，将会超越所有的时间和空间，滋养我们各自的生命。人生很短，世界太大，目标还在，让我们在成长的路上彼此祝福。